SERMONES DEL ESPÍRITU SANTO

SAN JUAN DE ÁVILA

SERMONES DEL ESPÍRITU SANTO

Tercera edición

EDICIONES RIALP

MADRID

Preimpresión: M.T., S. L.

ISBN: 978-84-321-6514-6
Depósito legal: M-19630-2023

Impreso en España   *Printed in Spain*

Anzos, S. L., Fuenlabrada (Madrid)

ÍNDICE

PRESENTACIÓN

Estos Sermones del Espíritu Santo, como todos los sermones del Maestro Juan de Ávila que han llegado hasta nosotros, fueron recogidos taquigráficamente a vuelapluma por sus discípulos a la hora de ser pronunciados. Muchos fueron luego retocados por el mismo Maestro. Sus palabras no han perdido la fuerza que tenían cuando, unidos gesto y voz, San Juan de Ávila las proclamara, promoviendo oleadas de fervor por toda la Andalucía de su tiempo.

La estructura interna de estas piezas oratorias es sencilla. Después de un breve exordio basado en palabras de la Sagrada Escritura, el predicador entra sin rodeos en el sermón.

Existe como un eje central de todo él —uno y simple, nervio—, alrededor del cual se agrupan con abundancia nuevos textos de la Sagrada Escritura, citas de los Santos Padres, ejemplos gráficos graciosos y atinados y, siempre, el pensamiento del Santo, brillante y rico, que dará cuerpo —carne y sangre— a aquella verdad, sencilla y una, que quiere grabar a fuego en sus oyentes. Nuestra inteligencia, con asombro, se siente acunada y como protegida en el Verbo, Palabra y Verdad eterna, que se nos comunica.

La idea central remueve y hace palpitar el corazón de los oyentes. Y, cuando el predicador sabe que ha conectado con su auditorio, se producen entonces aquellos admirables diálogos —llenos de chispa y gracejo— entre el Maestro Ávila y los sorprendidos y mudos fieles de ayer..., y de hoy. Las dificultades personales y hasta las posibles dudas de fe del que escucha (o del que lee), se encuentran expuestas y resueltas por el orador incluso antes de que hayan podido tomar cuerpo en su mente.

Este estilo dramático —verdadera puesta en escena de la Palabra de Dios—, tan peculiar de la oratoria de San Juan de Ávila, junto con la sencillez y el desaliño espontáneo con que trata las cosas de Dios, hacen de sus sermones un modelo y perpetuo caudal de enseñanzas para el Pueblo de Dios.

Así lo estimaban ya las gentes de su tiempo. Uno de sus discípulos, Juan Díaz, heredero de las carpetas en que su Maestro archivaba sus escritos, a finales del siglo XVI se encontraba solicitado por unos y otros para que editara cuanto antes los sermones. Santa Teresa —que, poco antes de que muriera Juan de Ávila en 1569, había conseguido que revisara el libro de su Vida—, en mayo de 1581 supo por el mismo Juan Díaz que pensaba hacer esta impresión y escribió al P. Jerónimo Gracián pidiéndole que hiciera lo que pudiera por ayudarle porque «a mi parecer, si es como un poco que me dio a leer, serían de gran provecho los sermones a los que no saben tanto como vuestra reverencia»[1]. No conseguiría la Santa conocer esta edición pues no apareció hasta 1569.

No son los Sermones del Espíritu Santo todos ni quizá los principales sermones que pronunciara San Juan de Ávila sobre este tema. Pero son suficientes para conocer cómo exponía esta verdad de fe, de fundamental importancia en el cuerpo de la doctrina espiritual que difundía: la necesidad que tienen todos los fieles de disponerse ascéticamente para conocer, escuchar, tratar y dejarse llevar por el Espíritu Santo, puesto que a Él le toca completar en las almas la obra de Jesucristo, Redentor del Hombre: *si quis non habet Spiritum Christi, hic non est eius* (Rom. 8, 9). Con ello no hacía más que reafirmar la necesidad de la contemplación —que esencialmente no es otra cosa que la fiel correspondencia a la operación cada vez más intensa y frecuente del Espíritu Santo en el alma—, para alcanzar la santidad cristiana, a la cual todos estamos llamados.

Esta verdad fundamental de la Teología espiritual, admitida por toda la tradición cristiana hasta el siglo XVII, vuelve a tener en nuestro tiempo, después de tres siglos de práctico olvido, plena vigencia y actualidad.

Así lo hacía ver el Beato Josemaría Escrivá en la fiesta de Pentecostés de 1969[2]: *«Vivir según el Espí-*

---

[1] TERESA DE ÁVILA, *Obras completas*, B.A.C., Madrid 1959, T. III, p. 692 [Carta 81-5U (361), *Al P. Jerónimo Gracián*, Palencia 24 de mayo de 1581. 1].

[2] ESCRIVÁ DE BALAGUER, Josemaría, *Es Cristo que pasa*, n.º 134, en la homilía *El Gran Desconocido*, Madrid 1973.

ritu Santo es vivir de fe, de esperanza, de caridad; dejar que Dios tome posesión de nosotros y cambie de raíz nuestros corazones, para hacerlos a su medida... Fue así como vivieron aquellos primeros, y como debemos vivir nosotros: la meditación de la doctrina de la fe hasta hacerla propia, el encuentro con Cristo en la Eucaristía, el diálogo personal —la oración sin anonimato— cara a cara con Dios, han de constituir como la substancia última de nuestra conducta. Si eso falta, habrá tal vez reflexión erudita, actividad más o menos intensa, devociones y prácticas. Pero no habrá auténtica existencia cristiana, porque faltará la compenetración con Cristo, la participación real y vivida en la obra divina de la salvación.

Es doctrina que se aplica a cualquier cristiano, porque todos estamos igualmente llamados a la santidad. No hay cristianos de segunda categoría, obligados a poner en práctica sólo una versión rebajada del Evangelio: todos hemos recibido el mismo bautismo y, si bien existe una amplia diversidad de carismas y de situaciones humanas, uno mismo es el Espíritu que distribuye los dones divinos, una misma la fe, una misma la esperanza, una misma la caridad.»

Convencido de la importancia que tenía para todos los fieles de la Iglesia conocer y adentrarse personalmente en el trato con el Espíritu Santo, hace años acepté gustoso el encargo que me hizo Ediciones Rialp de preparar una edición de los Sermones del Espíritu Santo del entonces Beato Juan de Ávila para la Colección Neblí, Clásicos de Espiritualidad. La primera edición apareció en 1957, pero, agotada hace un tiempo, se reproduce hoy idéntica a aquella primera.

La más apremiante de las razones es que S.S. Juan Pablo II, al elaborar un programa específico de iniciativas para la preparación inmediata del Gran Jubileo del Año 2000, ha determinado en su Carta Apostólica Tertio Millenio adveniente que *«el año 1998, segundo de la fase preparatoria, se dedicará de modo particular al Espíritu Santo y a su presencia santificadora dentro de la comunidad de los discípulos de Cristo... La Iglesia no puede prepararse al cumplimiento bimilenario de otro modo, si no es por el Espíritu Santo. Lo que en la plenitud de los tiempos se realizó por obra del Espíritu Santo, solamente por obra suya puede ahora surgir en la memoria de la Iglesia[3]»*.

Pero la primera y más profunda razón es la misma que ha movido al Santo Padre a la hora de puntualizar los objetivos pastorales para este año 1998. Después de la profunda reflexión que ha hecho la Iglesia sobre sí misma durante las diversas sesiones del Concilio Vaticano II —congregado bajo la inspiración del Espíritu Santo—, no cabía al Romano Pontífice proponer a la Iglesia la renovación de la vida cristiana de los fieles, ni la nueva evangelización del mundo actual, ni la recuperación de la unidad eclesial, ni le cabía pensar que la Iglesia sería capaz de mantener en la Esperanza a la Humanidad durante el nuevo milenio, si previamente no era invocado con nueva fuerza el Espíritu, que es el que actualiza la única Revelación traída por Cristo a los hombres, para que la haga más viva y eficaz en el ánimo de cada uno: *«El Paráclito, el Espíritu Santo, que el*

---

[3] JUAN PABLO II, *Tertio Millenio adveniente*, n.º 44.

Padre enviará en mi nombre, os lo enseñará todo y os recordará lo que yo os he dicho (Ioh 13, 26).»

Por todas estas razones se reeditan ahora los Sermones del Espíritu Santo de San Juan de Ávila. Se hace con el deseo de contribuir a afirmar en la mente —doctrina— y en la piedad de los lectores, la convicción de que serán los hombres y las mujeres que se dejen llevar por el Espíritu Santo, hombres y mujeres maduros, quienes serán capaces de traspasar con júbilo el umbral del milenio próximo.

Efectivamente, sólo ellos sabrán estimar y leer inteligentemente —con el corazón y los ojos de Cristo— *«los signos de esperanza presentes en este fin de siglo, a pesar de las sombras que con frecuencia los esconden a nuestros ojos: en el campo civil, los progresos realizados por la ciencia, por la técnica y sobre todo por la medicina al servicio de la vida humana, un sentido más vivo de responsabilidad en relación al ambiente, los esfuerzos por restablecer la paz y la justicia allí donde hayan sido violadas, la voluntad de reconciliación y de solidaridad entre los diversos pueblos, en particular en la compleja relación entre Norte y Sur del mundo...; en el campo eclesial, una más atenta escucha de la voz del Espíritu a través de la acogida de los carismas y la promoción del laicado, la intensa dedicación a la causa de la unidad de todos los cristianos, el espacio abierto al diálogo con las religiones y con la cultura contemporánea...*[4]».

Y esto será así no porque vivan sumergidos en un ingenuo optimismo, sino porque sabrán usar con en-

----

[4] *Ibid.,* n.º 46.

tereza su libertad de hijos de Dios —*ubi Spiritus Domini, ibi libertas* (2 Cor 3, 17)— y remontarán la indiferencia religiosa que lleva a muchos hombres de hoy a vivir como si Dios no existiera; o a conformarse con una religión vaga, incapaz de enfrentarse con el problema de la verdad y con el deber de coherencia; no perderán el sentido trascendente de la vida humana ni se extraviarán en el campo ético incluidos los valores fundamentales del respeto a la vida y a la familia. En una palabra, amando apasionadamente el mundo, no estarán afectados por la atmósfera del secularismo y relativismo ético: sus vidas manifestarán el genuino rostro de Dios[5].

Y como los cristianos de los primeros tiempos, borrachos de Espíritu Santo, sabrán convertir todos los momentos y circunstancias de su vida en ocasión de servir con alegría y sencillez a la Iglesia, al Romano Pontífice y a todas las almas[6].

Y el mismo Espíritu Santo hará que fijen su mirada en la Bienaventurada Madre de Cristo y Madre de la Iglesia. *«María, que concibió al Verbo encarnado por obra del Espíritu Santo y se dejó guiar después en toda su existencia por su acción interior, será contemplada e imitada a lo largo de este año sobre todo como la mujer dócil a la voz del Espíritu, mujer del silencio y de la escucha, mujer de esperanza, que supo acoger como Abrahán la voluntad de Dios, esperando contra toda esperanza (Rom 4, 18). Ella ha llevado a su plena expresión el*

---

5 Cfr. *Ibid..* n.º 36.

6 Cfr. la Oración para encomendarse al Beato Josemaría Escrivá.

anhelo de los pobres de Yhawéh, y resplandece como modelo para quienes fían con el corazón en las promesas de Dios[7].»

* * *

Para nuestra edición hemos aprovechado las más acreditadas ediciones ya existentes, entre las que merece destacarse la realizada por Luis Salas Balust en 1953.

Julio GONZÁLEZ SIMANCAS
Madrid, 1 de enero de 1998
En la festividad de Santa María, Madre de Dios

---

[7] Cfr. JUAN PABLO II, *Tertio Millenio adveniente*, n.º 48.

16

PRIMER SERMÓN

Domingo infraoctava de la Ascensión.
(En un convento de monjas)

No tomo tema en esta plática que tengo de hacer, porque nuestro tema quiero que no sea otro más que nos apercibamos para ser morada donde el Espíritu Santo se aposente, y que pidamos con mucho ahínco al mismo Espíritu Santo que tenga por bien de venir en nosotros; pedírselo con tema. Y no haremos poco si nos apercibimos, como es razón, para recibir tal Huésped.

Habéis de saber, hermanos, que, aunque las fiestas de Dios se pasaron cuanto a la historia, pero no se pasaron cuanto a la virtud. Bueno fuera, por cierto, para nosotros si, como se pasó el tiempo en que Jesucristo padeció, también se pasara la virtud de su pasión. ¿Qué fuera de nosotros si, como pasó mil y tantos años ha, ella no durara? Siempre dura la virtud de la pasión hasta que el mundo se acabe. A propósito de lo de la fiesta del Espíritu Santo, que, aunque pasó tantos años ha, has de hacer cuenta que el mismo efecto hará hoy el Espíritu Santo en tu alma que hiciera en ti en el tiempo de los apóstoles; mira si lo deseas.

¡Oh quién viera a Jesucristo para pedirle mercedes cuando andaba en este mundo entre nosotros padeciendo trabajos! Si cuando en el mundo estaba, echándote tú a sus pies, tienes por cierto que, según es piadoso, según su infinita caridad, no te negara las mercedes que le pidieras —¿tú, hermano, crees esto?—; cree que tan aparejado está el día de hoy y de tan buena gana te hará las mercedes hoy, estando en el cielo, como cuando entre nosotros estaba. Y si tú, en este tiempo, te aparejas para que el Espíritu Santo venga en ti, haz lo que es necesario, y dígote de su parte que también vendrá a tu ánima, dándote su gracia, como cuando a los apóstoles apareció viviendo en el mundo.

¡Oh qué tiempo este que hay de aquí a Pascua tan santo! Esta es Semana Santa: *Adviento del Espíritu Santo*. Este santo tiempo significa cuando los apóstoles, después que nuestro Señor se subió al cielo, estaban esperando la promesa que les hizo, cuando les dijo: *Yo me voy, pero yo* [1] *enviaré al Espíritu Santo, que os consolará;* y os enviaré al Consolador, que os consuele de la pena que tenéis de mi partida. Como ellos oyeron esta palabra, estaban esperando, los ojos puestos en el cielo, qué cosa sería. Decían ellos: «Nuestro Maestro nos dijo que nos enviaría un consolador que nos hiciese olvidar el amor que le teníamos». Querían los apóstoles en gran ma-

---

[1] Cf. *Io.* XIV, 2, 16.

nera a nuestro Señor y Redentor: Él era consuelo de sus tristezas. Padre de sus necesidades. Maestro en sus ignorancias; teníanlo como a espejo en que se miraban: estaban todos colgados, transformados en su Maestro. «¿Qué ha de venir otro que sea tan grande, tan poderoso, tan sabio, tan bueno, que nos haga olvidar a nuestro Maestro? ¿Quién será éste?» Alzaban sus pensamientos y sus voces al cielo, y decían: «Señor, deseamos os, y no os conocemos; querríamos que vinieseis y no sabemos quién sois. Por vuestra misericordia tengáis por bien de venir y consolar nuestros corazones; *venid, Señor,* que estamos muy desconsolados esperando vuestra venida».

Así estaban los santos apóstoles del Señor en este santo tiempo; y así, hermanos, es muy gran razón que estemos nosotros, pues somos una cosa con ellos, una Iglesia y una unión en Jesucristo. Todos aquellos que sirven a Jesucristo, que están en su servicio, todos son una misma cosa, la Iglesia de Dios y la congregación de los cristianos. *Una est amica mea, una est columba mea* [2]. Habla Dios con su Iglesia y dice: *Una eres, amiga mía; una eres, paloma mía.* Pues así también es razón que en este santo tiempo nos aparejemos y deseemos con los santos apóstoles la venida del Espíritu Santo. Álcense nuestros corazones al cielo, y pidamos con lágrimas de nuestros ojos: *¡Consolador de mi ánima, ven, consuélala!* Y en todo este tiempo no hagamos otra cosa que desear que el Espíritu Santo venga a nuestras ánimas [3].

---

[2] Cf. *Cant.* VI, 8.
[3] Cf. *Miss. Rom., Dom. Pentecost., sequentia.*

Lo *primero* que conviene para que el Espíritu Santo venga a nuestras ánimas, es que sintamos grandemente de Él y que creamos que puede hacer mucho. Por desconsolada que esté un ánima, basta Él a consolarla; por pobre que esté, a enriquecerla; por tibia que esté, a encenderla; por flaca que esté, a esforzarla; por indevota que esté, a inflamarla en ardentísima devoción. ¿Remedio para que venga el Espíritu Santo? Sentir de Él muy magníficamente. Y así dice hablando de la grandeza del Espíritu Santo: *El poder de Dios es muy grande, y de solos los humildes es honrado* [4].

Lo *segundo,* conviene mucho para que el Espíritu Santo tenga por bien de venir a nuestros corazones, para que no nos deseche y tenga en poco, tener deseo de recebirle y que sea nuestro convidado, un cuidado muy grande, un deseo muy firme y ansioso: «¡Oh si viniese el Espíritu Santo! ¡Oh si viniese aquel Consolador a visitar y consolar mi ánima!»

Hágoos saber, hermanos, que impiden mucho los cuidados de lo que cumple a nuestro cuerpo. En esto las personas religiosas nos llevan la ventaja; porque si están en el coro, si están en el refitorio, si en el retraimiento, en todas partes están en el servicio de Dios, empleadas en cosas de su ánima, siempre alabando a Jesucristo, dándole gracias, y si comen, no es para otro fin que para alabar a Dios; y si beben, lo mismo, y lo mismo en todas las operaciones humanas [5].

____

[4] *Eccli.* III, 21.
[5] Cf. *I Cor.* X, 31.

Y los casados se atreven a mucho por cierto. Piensa la mujer que se casa que no hay más sino, en amaneciendo Dios, tomar el manto y venirse al sermón y tomar buen lugar en la iglesia; y viene su marido a comer y no halla la comida aderezada, descompónese y ofende a Dios. Más valiera, hermana, que antes que viniérades, dejárades la casa puesta en orden, y cuando esté todo puesto, venir al sermón; aunque vengas un poco tarde, no es priesa, que más te aprovechará una palabra que por ventura todo el sermón, y con todo puedes cumplir; pero ya que no puedas, más vale que hagas lo que Dios te manda, pues te casaste.

No lo decía por esto, sino que se atreven a mucho los que se casan, porque se obligan a mucho, a mantener la casa, a mantener los hijos y hacerlos que sean virtuosos; y la mujer en criarlos, en ponerlos en buenas costumbres. Poco es esto; ¿y el cuidado del ánima, el cuidado de lo que cumple al servicio de Dios? Todo se puede hacer; pero son las cosas del mundo pegajosas y son tan malas de despegar, que por eso se tiene el hombre casado por dificultoso, con tantos cuidados, poder entender en su ánima como se debe. Mira, hermano, cómo vives; mira que no venga a querer tanto el marido a la mujer, que por hacelle regalos a ella, vengas tú a ofender a Dios como Adán: «Quiero mucho a mi mujer, téngola de dar una joya, que, aunque sepa hacer lo que no debo, se la tengo de dar». Y tú, mujer, no vengas a poner el amor tanto en tu marido, que por él olvides a Dios, y con el amor que tienes a tu marido olvides de hacer lo que conviene a tu ánima y lo que Dios manda.

¡Oh cuánto cuidado había de tener uno que se casa antes que se case, cuán santo había de ser el hombre y cuán santa la mujer! Antes que se viniesen a juntar, habían de haber gastado muchos años en servicio de Dios; saber ser castos, ser humildes, ser pacientes, ser misericordiosos, guardar los mandamientos de nuestro Señor, y después casarse, para que, aunque después tuviesen muchos cuidados, muchos estorbos, con una ojeada que diesen, una vuelta en su conciencia de las costumbres de antes, quedase todo apaciguado y amansado. Como un señor que tiene un criado tan bien doctrinado, témele tanto, que, con sólo que el señor le mire a la cara, se ponga el criado como ha de estar para servirle, que aquello sólo basta.

Pero ni el casado sabe qué cosa es ser casado, ni la casada menos sabe qué cosa es serlo; y júntanse, pónenlo entrambos del lodo. Lecciones habíades de tomar muchas. —¿Cómo, padre, podré cumplir con entrambas cosas, con mi casa y con Dios? — Es cosa muy dificultosa. Dice San Pablo: *El que tiene mujer,* el que es casado, *anda muy congojoso y solícito cómo la agradará y contentará, y para esto anda muy cuidadoso en las cosas del mundo y está repartido. Pero la mujer que no se quiere casar, y la doncella, piensa en las cosas del Señor, para ser santas en el cuerpo y en espíritu*[6].

Señoras monjas, esta fiesta se gaste en pensar cómo agradaré a mi Señor. Así como las desposadas andan con mucho cuidado de andar muy bien tocadas, de no traer nada mal puesto, que aun [para]

---

[6] *I Cor.* VII, 33.

cuando tienen algo mal puesto traen consigo un espejo; así las madres monjas, las religiosas y doncellas, han de andar muy cuidadosas, cómo no traigan nada deshonesto; han de mirarse en Jesucristo, viéndose como en un espejo, no tengan alguna mancha en la cara, no tengan algún pecado en el ánima, alguna suciedad, porque su Esposo no las deseche.

Estad, hermanos, con mucha atención y cuidado en el servicio de Jesucristo y en la esperanza de la venida del Espíritu Santo, no entendiendo en cosas rateras ni bajas de por acá; porque la consolación del Espíritu es muy delicada, y poca cosa le hace estorbo, y no se complace con cosas de acá del mundo. Dice San Bernardo: «Delicada es la consolación divina y muy sutil, y no se da a los que admiten consolaciones humanas»[7]. Despéguese toda ánima de consuelo humano si quiere que el Espíritu Santo la consuele y esté siempre con ella el consuelo del Espíritu Santo; que, como decíamos, con mucha razón quiere el Espíritu Santo ser deseado.

Venid acá: si un hombre no quiere ir a casa de otro, si no sabe que en casa de aquél es deseado, ¿qué hará el Espíritu Santo, que quiere que el hombre que lo quisiere tenga gran deseo, y también quiere que lo deseen? ¡Cuán deseado fue nuestro Redemptor antes que viniese al mundo! Deseólo Adán, deseólo Noé, deseólo Abraham, Isaac, Jacob, deseáronle los profetas y patriarcas, todos le desearon: *¡Rociad, cielos, desde lo alto, y las nubes llue-*

---

[7] La idea es frecuente en SAN BERNARDO: cf. *In Vigilia Nativ. Domini*, serm. IV, 1; *In Ps. «Qui habitat»*, serm. IX, 6; *In Ascens. Domini*, serm. III, 7; serm. V, 9 ss.: ML, 183, 100, 219, 307, 319 ss.

van; ábrase la tierra y produzca al Salvador![8]. Decía el profeta Ageo: *De aquí a poco, poco falta, dice el Dios de los ejércitos, yo moveré el cielo, y la mar, y la tierra, todo lo moveré, y entonces vendrá el Deseado de todas las gentes, y el ángel del Testamento que vosotros queréis*[9]. Jesucristo en gran manera fue deseado. *¡Pluguiésete,* Señor, *que rompieses los cielos y descendieses a la faz de la tierra!*[10]. Jesucristo fue muy deseado en gran manera, y así quiere el Espíritu Santo ser deseado. Porque aquella merced cuadra bien que antes que venga es bien deseada; y el manjar que por sí es bueno, es mal empleado en quien no tiene gana de comer. Maten una gallina o una perdiz que parece que pone gana de comer. Dice el enfermo a quien se la dan: «Quitadla allá, que tengo perdido el gusto y la gana de comer, que no me sabe bien». Mala señal en gran manera: ¿no tenéis gana de comer?, señal de muerte es.

No verná el Espíritu Santo a ti si no tienes hambre de Él, si no tienes deseo de Él. Y los deseos que tienes de Dios, aposentadores son de Dios, y señal es que si tienes deseos de Dios, que presto verná a ti. No te canses de desearlo, que, aunque te parezca que lo esperas y no viene y aunque te parezca que lo llamas y no te responde, persevera siempre en el deseo y no te faltará. Hermano, ten confianza en Él, que, aunque no viene cuando tú le llamas, Él verná cuando vea que te cumple. Porque debes, hermano mío, asentar en tu corazón que, si estás desconso-

---

8 Cf. *Is.* XLV, 8.
9 Cf. *Ag.* II, 7-8.
10 Cf. *Mal.* III, 1.

24

lado y llamas al Espíritu Santo y no viene, es porque
aun no tienes el deseo que conviene para recibir tal
Huésped. Y si no viene, no es porque no quiere venir, no es porque lo tiene olvidado, sino para que
perseveres en este deseo, y perseverando hacerte capaz de Él, ensancharte ese corazón, hacer que
crezca la confianza, que de su parte te certifico que
nadie lo llama que se salga vació de su consolación.

¡Y cómo lo dice esto el real profeta David!; *El
deseo de los pobres no lo menospreció Dios, oyólo
el Señor*[11]. ¿Quién es pobre? Pobre es aquel que desconfía de sí mismo y confía en sólo Dios; pobre es
aquel que desconfía de su parecer propio y fuerzas,
de su hacienda, de su saber, de su poder; aquel es
pobre que conoce su bajeza, su gran poquedad; que
conoce ser un gusano, una podredumbre, y pone
juntamente con esto su arrimo en sólo Dios y confía
que es tanta su misericordia, que no le dejará vacío
de su consolación. *Los deseos de estos tales oye
Dios.*

Y mira que el Espíritu Santo no sólo se contenta
con que estés ocupado en estos deseos; no cumples,
hermano, con esto, esperando al Espíritu Santo,
mas ha de haber obras. ¿Quiéreslo ver? Mira lo que
les dijeron a los apóstoles, estando suspensos mirando al cielo, cuando el Señor subió allá. Ellos estaban colgados de Él, estaban todos deseando y esperando al Espíritu Santo; estaban con grande
deseo de ver al Espíritu Santo, como su Maestro se
lo había alabado; estaban olvidados de sí mismos,
mirando a Jesucristo nuestro Señor cuando subió al

---
[11] Cf. *Ps.* XXI, 25.

cielo. Sea Él bendito, que tan cuidadoso es de nuestro bien; que no se contentó con mirar por nosotros y tener tanto cuidado de nuestro bien; pero, aun subido al cielo, tuvo tanto cuidado de los suyos, que envió dos ángeles vestidos de vestiduras blancas y les dijeron: *Varones de Galilea, ¿qué estáis mirando al cielo? Este mismo Jesucristo que visteis agora subir al cielo, de la misma manera que lo vistes,* con tanta majestad *vendrá otra vez*[12]. Y dijéronles que fuesen al cenáculo, porque allí había de venir sobre ellos el Espíritu Santo. No has de estar todo el día mirando al cielo; no ha de ser todo el día rezar ni contemplar; anda, hermano mío, al cenáculo, no estés ocupado y detenido en pensar en la presencia corporal de Cristo.

Ya os he dicho muchas veces que la causa por que no vino el Espíritu Santo a los apóstoles estando acá Jesucristo en este mundo fue porque estaban ellos colgados de la presencia de su Maestro y estaban contentos con aquello solo; y aunque la presencia de nuestro Señor era tan santa y buena, pero estorbaba a los apóstoles de no ser perfectos, y por eso Jesucristo se quiso ir. «Discípulos míos, mucho me queréis, mucho me amáis. Yo sé que conmigo estáis vosotros contentos; pero más os amo yo a vosotros, y para mostraros este amor, quiérome ir, porque viniendo el Espíritu Santo seáis más perfectos, subáis más altos vuestros pensamientos.» ¿No miráis en esto que la presencia de Jesucristo hacía estorbo en alguna manera a la venida del Espíritu Santo?

---

[12] Cf. *Act.* I, 11.

Celosísimo es el Espíritu Santo, no penséis es así como quiera. *Ego sum Dominus tuus*[13], dijo Dios a Moisés, para darte a ti a entender, hermano, que tienes puesto tu amor en el confesor, aunque bueno; y en el predicador que te da buenos consejos y consuelos, tienes puestos los ojos en él; no verná el Espíritu Santo hasta que quites el amor demasiado de las criaturas. El Espíritu Santo a solas quiere estar contigo.

—¡Oh padre, que es un santo, y me guía por el camino de Dios, y me esfuerza en los trabajos! —Más santo era Jesucristo, y aun le hizo estorbo al Espíritu Santo. El siervo de Dios, el confesor y el predicador, no te han de ser estorbo para el Espíritu Santo; hate de ser una escalera para que tú subas a Dios. El amor —aunque no sea malo— demasiado estorba; no te haría daño si tú supieses usar de él; lo que amares en el confesor y en el predicador, sea por Dios y en Dios. —¿En qué veré, padre, cuándo es amor de Dios? —Cuando mucho quieres a uno, si cuando te lo quita Dios de delante, o permite que se aparte de ti, si entonces no pudiere tanto el amor que te perturbe el servicio de Dios, quiero decir, que no sientas tanto la partida que te desasosiegue el corazón y te lo traiga alborotado, de arte que te quite tus buenos ejercicios; si esto no hay, de Dios es el amor. Una poquilla de pena, cosa natural es; pero mucha, ésa no es buena. Si estas moticas hacen estorbo al Espíritu Santo, ¿qué harán los malos pensamientos deshonestos, las palabras demasiadas y otras cosas a este modo?

------

[13] *Ex*. XX, 2; cf. XXXIV, 14.

¿En qué estamos? ¿Qué es menester para que el Espíritu Santo venga a nuestras ánimas? No sólo lo hemos de desear, pero hemos de aderezar la casa limpia. Y si esto hacéis cuando os ha de venir un huésped a vuestra casa, ¿cuánta más razón es que esté vuestra ánima limpia, que no tengáis malos pensamientos, ni malas palabras, ni malas obras, y que estéis adornados de las virtudes, porque el Huésped que esperáis es limpísimo en gran manera?

Mirad que más es menester que llamar al Espíritu Santo, y más es menester que aderezar la posada; es necesario que aderecéis la comida. Habéis de echar mano a la bolsa, no os ha de doler el gastar mucho; habéis de ser largo y muy liberal. Cuando tenéis un huésped, no os duele de comprar sólo lo que a él le basta, pero aun compráis para que sobre. Así es menester, hermano; esperáis a este santísimo Huésped; pues Él es tan liberalísimo para con vos, sedlo vos para con Él; echad mano a la bolsa y no deis poquedades: dad larga limosna, dad de comer al hambriento, vestid al huérfano y a la viuda, haced oficio de padre con todos los necesitados. Mira tú, que eres padre de pobres y consuelo de desconsolados. Bien hacía este oficio el santo Job, cuando decía: *Si comí yo, Señor, mi bocado a solas*[14]. Y en otra parte decía: *Que era él pie al cojo y mano al manco*[15].

Dale de comer al Espíritu Santo, y dale de comer tu corazón; que carne come; pero mira que es carne mortificada lo que come. ¿Qué cosa sería si le pusieses a tu convidado una ave viva? «¿Cómo? —te

---

[14] *Iob* XXXI, 17.

[15] Cf. *Iob* XXIX, 15.

28

diría—, quita allá, que esa ave no es para comer.»
Sube ese corazón al cielo muchas veces y suplícale
te lo abrase con fuego de amor. Muerta ha de estar
tu carne y manida, castigada y mortificada, domada
con ayunos y disciplinas; has de estar muerto al
mundo, has de tener tu corazón guardado, en Dios
tus pensamientos y deseos levantados. Hazte con
estos pensamientos y ejercicios un águila caudal; no
descanses hasta topar con este Santo Espíritu; no te
asientes ni pongas tus pensamientos en cosas muertas ni bajas. Mira lo que hizo la paloma que echaron
del arca de Noé; echáronla fuera, fue volando, y
(cuando salió, ya había cesado el diluvio) había en
la tierra muchos cuerpos muertos y no se quiso sentar sobre ninguno de ellos ni descansó entre ellos,
sino subióse a una oliva, cogió un ramito con el pico
y volvióse con él al arca. Así ha de hacer el ánima
del cristiano, no asentarse sobre ningún cuerpo
muerto; ni tus pensamientos han de estar en cosas
muertas, ni perecederas, ni hediondas, mas han de
estar en el cielo puestos; adonde está tu tesoro Jesucristo, allí esté todo tu corazón[16], y particularmente
en esta fiesta.

Está esta semana muy recogido para recebir el
Espíritu Santo. Está con cuidado. Mira aquellos
criados que estaban esperando a su señor cuando viniese de las bodas[17]. No seas como aquellas vírgenes locas y necias, no estés dormido ni emborra-
chado en cosas de este mundo; mas imita a las
vírgenes prudentes en el cuidado y ornato y en tener

---

[16] Cf. *Mt.* VI, 21, 342. Cf. *Mt.* XXV, 2, ss.
[17] *Lc.* XII, 36.

aceite de misericordia para ti primero, teniendo mucha cuenta con tu ánima y reformación de tu corazón. Busca estos días el rincón y guárdalo. Mira a la benditísima Virgen y a los santos apóstoles recogidos en el cenáculo. ¿Qué harían? ¡Qué lágrimas tendrían acordándose de la pasión de Jesucristo, acordándose de su ausencia! ¡Qué sospiros enviarían al cielo, deseando este Santo Espíritu consolador y reparador suyo! Ten todos sus deseos corregidos, los ojos mortificados y bajos, no miren alguna cosa que después tengan que llorar; porque si el ojo mira, el ojo llora. Vio David una negra vista, que más le valiera estar ciego que no ver lo que vio; porque si el ojo se deleitó en mirar, bien lloró después, y tanto, que dicen que tenía David hechos sulcos en la cara del correr de las lágrimas.

Y es menester celebrar esta Pascua de esta manera con mucho cuidado, pues lo que esperamos es tanto. ¿Sabéis, hermano, qué tiempo es éste y qué pierdes si el Espíritu Santo no viene a morar a tu casa? Que ni la encarnación de Jesucristo, que es la principal fiesta de todo el año, ni su santo nacimiento, ni su pasión, ni redempción, ni su subir al cielo te aprovechará nada si de esta fiesta no gozas; todo aquello que Jesucristo ganó, pierdes si esto pierdes. Aunque es verdad que con la muerte de Jesucristo se abrió el cielo y se cerró el infierno, ¿pero qué te aprovechará si no recibes al Espíritu Santo? Sin gracia de Dios, mira qué te puede aprovechar lo demás; y si el Espíritu Santo recibes en tu corazón, todo te aprovechará y dará consuelo.

Este solo Espíritu Santo bastará a consolarte y dar esfuerzo a tu flaqueza, a dar alegría a tu tristeza.

¡Y cómo lo sabe Él hacer! Yo supe de uno a quien el Espíritu Santo se le quiso comunicar tantico y como loco salió dando voces por las calles. ¿Queréislo ver? Miradlo por los apóstoles, que antes que el Espíritu Santo viniese estaban tan acobardados, tan medrosos, que no osaban salir, sino tenían la puerta del cenáculo cerrada. Ansí como el Espíritu Santo vino en ellos, abren las puertas de par en par, salen por esas plazas y comienzan a predicar a Jesucristo.

Decía San Atanasio —un gran santo, que escribió contra la herejía de los arrianos—; este santo, pensando los escrúpulos que algunos tenían: «Si soy baptizado, si no soy baptizado», dice él: «¿Sabes en qué lo verás? Si, como la mujer que está preñada siente bullir la criatura, sientes tú bullir el Espíritu Santo»[18]. —Pues, padre, yo soy hombre. Yo no soy casada. No sé qué es bullir la criatura, ¿cómo lo sentiré? —Esta señal te doy, hermano: cuando sintieres en tu corazón un fuego encendido de caridad, un amor firme en Dios, que el Espíritu Santo fuego es; si sintieres dar saltos, de cara arriba, dentro de ti. —¿Cómo es eso, padre? —El mismo Jesucristo lo dijo por San Juan, hablando con la Samaritana: *Quien bebiere del agua que yo tengo.*

—¿Qué condición tiene esa agua, Señor? —*Harásele* —dice nuestro Redemptor— *una fuente de agua viva que salte hasta la vida eterna*[19]. Ves aquí la señal que dio Cristo para saber cuándo ha venido el Espíritu Santo a ti: que el Espíritu Santo tiene esta

---

[18] Cf. SAN ATANASIO, *De Trinitate et Spiritu Sancto*, XX: MG XXVI, 1215; *Ep.* III, *ad Serap.*, III; MG XXVI, 627 s.

[19] Cf. *Io.* IV, 13-14.

condición, que no puede estar encubierto, y Él mismo da testimonio si tienes ahora a Jesucristo. Que dice Él en el evangelio que se dice en la misa: *Cuando el Paráclito viniere,* cuando el Espíritu Santo viniere, *el Espíritu de verdad, que procede de mi Padre, ése dará testimonio de mí, ése os enseñará de mí*[20]. Que quiere decir que os consolará, alumbrará, recreará y encaminará.

El Espíritu Santo es Consolador, hermanos. ¡Cómo sabrá consolar, pues por su grandeza se llama así: *Consolador!* ¿Qué es lo que buscamos en esta vida? ¿Tras qué andamos? Toda la vida trabajamos no para otra cosa sino para buscar tantico consuelo, tantico contento. Pues ¿por qué no trabajamos por tener nosotros un Consolador que nos consuele y que enriquezca nuestra pobreza? ¡Oh si os pudiese yo pegar la devoción con el Espíritu Santo! Pégueosla Él por su infinita misericordia.

Cuando estuvieres triste, ten por cierto que el Espíritu Santo te consolará de esa tristeza, si lo tienes en tu ánima. Dice el apóstol San Pablo: Porque si alguno pensare: «¿Quién es bastante a consolar una tristeza que tengo, un desmayo, quién me favorecerá?», hay *pelea de fuera, y de dentro* grandísimos *temores. Pero aquel que tiene por costumbre de consolar a los que son humildes, nos ha consolado*[21].

El oficio del Espíritu Santo es consolar a los que están atribulados. Pregonado está este Consolador en toda la Iglesia de Jesucristo nuestro Señor; pregonado y publicado está por Consolador de nuestros

---

[20] Cf. *Io.* XIV, 26.

[21] Cf. 2 *Cor.* VII, 6-7.

trabajos. El enfermo busca médico para sus enfermedades; el pleiteante busca buen abogado que le ayude, y va al juez y dícele: «Sentenciá por mí». Pues que todos estamos tristes, tenemos necesidad de acudir a quien nos consuele nuestra tristeza. Todos estamos tristes: los malos por pecados que hemos hecho; a los justos también les pesa de sus pecados, y tienen grandísima tristeza, si han de ofender a Dios, si han de perder a Dios. Todos estamos tristes, todos hemos menester un consuelo. El Espíritu Santo tiene por oficio de consolar a todos; pidámosle tenga por bien de venir a nuestros corazones y consolarnos.

Dirá alguna ánima que se ve tan acorralada y tan medrosa, que hubiere cometido tantos pecados: «Padre, ese Espíritu Santo que decís es Dios, es un Dios todopoderoso, Dios terrible; yo soy un gusano, una hormiga; ¿cómo querrá venir ese Espíritu Santo a mi posada, tan mal aderezada? Temo que no querrá venir».

Si miras a ti, razón tienes por cierto que no querrá venir el Espíritu Santo; ¿pero sabes qué has de hacer? Poner en medio de ti y de Él a Jesucristo y a sus merecimientos; y viendo el Espíritu Santo lo que Jesucristo pasó por ti, por amor de Él, luego vendrá. Después que uno se desconsoló porque tú te consolases, después que uno se entristeció porque tú te alegrases, después que uno sufrió cansancio porque tú descansases, después que uno murió porque tú vivieses, no tienes que temer, si sabes llorar tus pecados y hacer digna penitencia. ¡Bendito sea Jesucristo y los ángeles lo bendigan! Amén.

Dice nuestro Redemptor: *Busqué quien me consolase y no lo hallé, y diéronme en manjar hiel, y cuando había sed, diéronme a beber vinagre*[22]. No halló nuestro Redemptor quien lo consolase; estuvo nuestro Redemptor muy lleno de tristeza, muy desconsolado; no halló consuelo ninguno; estaba con tantas tristezas de dentro y de fuera, que dijo Él mismo: *Tristis est anima mea usque ad mortem*[23]. Quiere decir que nuestro Redemptor tenía tristeza de muerte. No decimos la parte superior del ánima, que ésa gozaba de Dios; no hablo sino de la parte sensitiva: en aquella parte estaba desconsoladísimo en gran manera. ¡Qué de cansancios, qué de hambre, qué de sed, qué de sudor por esos caminos! Y cuando ya se llegó el tiempo del padecer, había tanto dolor en pensarlo, que decía: *Padre, si posible es, no beba yo este cáliz, esta copa de amargura*[24]. También dijo Cristo nuestro Redemptor en la parte sensitiva, viendo que Dios le dejaba padecer y viendo los tormentos que pasaba: *Deus meu, Deus meu, ut quid dereliquisti me?*[25]. Fue tanto, hermanos míos, lo mucho que nuestro Señor pasó; fueron tantos los tormentos que pasó, los azotes, corona de espinas, las bofetadas que en su divino rostro le dieron, que dice Él mismo: *O vos omnes, qui transitis per viam: Todos los que pasáis por el camino,* todos los que vivís en el mundo, *mirá si hay dolor como el mío*[26]. ¡Bendito seáis vos, Redemptor mío, por siempre!

---

[22] *Ps.* LXVIII, 21-22.
[23] *Mt.* XXVI, 38.
[24] Cf. *Mt.* XXVI, 42.
[25] *Mt.* XXVII, 46.
[26] *Thren.* I, 12.

¿Qué es la causa de tantos dolores, Señor? Los dolores, los tormentos, ¿no son pena de los pecados y castigo de los malos? A los que mal hacen les conviene el castigo; vos, Señor mío, ¿qué mal fue el que hicistes, que tantos tormentos pasastes? ¿Por qué tantos dolores?

Dice nuestro Redemptor Jesucristo: —¿Qué deben éstos? —Señor, muchos pecados han hecho. —Pues quiero —dice Jesucristo— caiga sobre mí el castigo, porque caiga el descanso del cielo encima de ellos; la tristeza caiga en mí, porque la alegría caiga sobre ellos. Quiero que me den hiel a mí, porque les den a ellos miel; denme a mí tormentos, porque den a ellos descanso; den a mí la muerte, porque a ellos les den la vida.

Ten, pues, hermano, confianza en estos merecimientos que Jesucristo tuvo. No pienses ¡que es voz muda la que tienes en el cielo en tu defensa; los merecimientos de Jesucristo están allá abogando por ti. Ni tampoco es voz muda, si alegas para que el Espíritu Santo venga. No desconfíes, que, si los merecimientos de Jesucristo tú das, por ellos te darán al Espíritu Santo. Tanto vale lo que das como lo que te dan. Si te dan a Dios, a Dios das; y aunque por la parte que es Dios, Jesucristo nuestro Redemptor no padeció, pero, en fin, se dice haber padecido aquel que era Dios. Y por la hiel que Él bebió estando puesto en la cruz, te darán a ti la miel del Espíritu Santo.

Llamarán tus pensamientos, palabras y obras al Espíritu Santo, que Él sobrevendrá en ti, sin que tú sepas cómo ni en qué manera, sin que lo sientas ni sepas por qué parte entró, y hallarlo has dentro en tu corazón aposentado; hallarás dentro de tu ánima una alegría grande, un regocijo tan admirable, tan lleno, que te hará salir de ti. Decía el santo rey David: *Darás, Señor, gozo y alegría a mi oreja, y gozarse han los huesos humillados*[27]. El corazón que estaba triste, el ánima que estaba muy congojada, recebirá alegría y gozarse ha; oirás al Espíritu Santo que te hablará en tu oreja, y te mostrará lo que debes hacer.

El mismo que tiene por oficio consolar, ese mismo tiene por oficio exhortar; y el mismo que te consuela, ese mismo te reprehende: «¡Oh hombre cobarde, de poco ánimo, no quieras temer como niño, ten esfuerzo de varón!» El mismo Espíritu Santo que te viene a consolar, ese mismo te reprehenderá, para quitar aquello que impide tu consuelo. *Paracletus* quiere decir *Consolador.*

Y pues ves, hermano, que por los merecimientos de Jesucristo se da el Espíritu Santo, no ceses de pedirlo, no dejes de desearlo con gran deseo, sintiendo de Él que vendrá a tu ánima, y será tanto consuelo para ti que nadie bastará a quitártelo. Apareja tu posada, apareja la comida para este Huésped, pues tan bien la merece y tantas obligaciones le tienes; hagamos muchas limosnas a los pobres; hagamos misericordias a nuestros prójimos; abstengámonos de todo pecado y de toda falta en esta Semana Santa; tengamos nuestros sentidos muy sujetos, y todos estemos con verdadera confianza, que por su misericordia vendrá en fuego de amor, fortalecer[á] nuestros corazones y darnos ha sus dones.

____

[27] *Ps.* L, 10.

SEGUNDO SERMÓN

Domingo infraoctava de la Ascensión

Cum venerit Paracletus, quem ego mittan vobis a Patre, Spiritum veritatis, qui a Patre procedit, ille testimonium perhibebit de me (Io. XV, 26).

Omnes quaerunt quae sua sunt, non quae Iesu Christi[1], dice el apóstol San Pablo, quejándose de las costumbres de los hombres. *Todos buscan lo que les cumple, y no lo que cumple a Jesucristo.* Y hablando de Jesucristo dice: *Etenim Christus non sibi placuit, sed sic [ut] scriptum est, improperia improperantium tibi ceciderunt super me*[2]. *Todos buscan lo que les cumple a ellos, y no lo que toca a Jesucristo; mas Cristo, olvidado de lo que le cumple a Él,* por acordarse de lo que nos cumple a nosotros —*non sibi placuit*—, no escogió vida a contento de lo exterior, antes muchas veces se cansó por esos caminos, derramó muchas lágrimas, padeció la muerte, para que entiendan los hombres que,

---

[1] Cf. *Phil.* II, 21.
[2] *Rom.* XV, 3; cf. *Ps.* LXVIII, 10.

pudiendo vivir descansadamente, olvidaba su descanso para dar descanso a los hombres.

Señor, si fuérades como nosotros, ¡qué mal nos fuera! ¿Cuántas veces os habrá acontecido andar tras de nuestro Señor, demandándole alguna merced, importunándole con oraciones, con lágrimas, con limosnas, con disciplinas; y después que lo ha dado, vos, como mal pagador, olvidáisos de Dios? En la adversidad vais a Él, y en la prosperidad olvidáisos del Señor. Mal hecho es. Si Él fuera como nosotros, ¿qué fuera de nosotros? Ya está en los cielos, ya no le falta nada para su descanso; si estando en su prosperidad nos olvidara, ¿qué fuera de nosotros? Sea su misericordia bendita. Fue Jesucristo al cielo —dice San Pablo— a parecer delante del gesto del Padre, para ofrecelle su pasión y recabarnos el Espíritu Santo[3].

Por parte de Jesucristo bien libraremos, que recebiremos el Espíritu Santo. Señora, ¿y por vuestra parte libraremos? Raquel dos hijos tuvo; la Virgen benditísima dos hijos tiene, uno natural y otro adoptivo. El Hijo natural ya está en el cielo, ya está reinando, en cobro está, no tiene que pedir para Él. Resta que a los que somos hijos adoptivos nos alcancéis gracia para bien hablar, y para bien obrar, y para bien acabar. Y porque así lo haga, digámosle: *Ave, María.*

Cum venerit Paracletus, etc. Todavía estamos en Pascua del Espíritu Santo. Venga en vuestros corazones, para que tengáis buenas Pascuas.

Dice Jesucristo en el capítulo 15 de San Juan: *Cuando viniere el Consolador, que yo os enviaré de parte del Padre, que es Espíritu de verdad, Él dará*

---

[3] Cf. *Hebr.* IX, 24; *Io.* XIV, 16.

testimonio de mí, y vosotros lo daréis también, porque habéis sido testigos de vista, que *dende que comencé a predicar me habéis conversado*. Aparejaos, que grandes trabajos os vernán; *echaros han de las iglesias*, y perseguiros han[4]; y un solo descanso que podíades tener, que es pensar descansar algún día que os dejasen de perseguir, aun éste os faltará, porque nunca cesarán, *haciendo cuenta que, en* perseguiros y *mataros, hacen servicio a Dios*. Consolaos con que es gente ignorante que *no conocen al Padre y a mí*, y que os persiguen, sin merecerlo, por amor de mí. *Dígooslo antes que venga, para que, cuando viniera la* obra, *os acordéis que os dije lo* próspero y lo adverso *que os había de venir*, y hallaréisme verdadero en lo uno y en lo otro[5]. Esta es la letra del Evangelio. Brevecito es.

Cuando viniere el Consolador, etc. El Señor, ya os he dicho algunas veces que, si dejásemos a su corazón hacer lo que quiere por nosotros, todo sería hacernos misericordia, porque a *Él propio le es el hacer misericordia;* si castiga, como forzado castiga, y fuera de su condición: *Non enim humiliavit ex corde suo, et abiecit filios hominum*[6]. Cuando abate Dios a uno, no lo hace de corazón, sino como forzado; como padre que ve a su hijo ser malo, castígalo con amor, y el hijo hace que le castigue. «Dios dulce es de naturaleza —dice San Hierónimo—, mas nosotros le hacemos que nos castigue»[7]. De aquí viene

---

[4] *Io.* XV, 26.

[5] *Io.* XV, 26-16, 4.

[6] *Thren,* III, 33.

[7] SAN JERÓNIMO, *Comm. in Ionam.* c. III: *ML* XXV. 1137. Cf. *In Is.,* I. I: ML XXIV, 40; I, II; *Ib.* LXXIV.

que, cuando castiga, luego busca el consuelo: *Quoniam si abiecit, et miserebi[ur] secundum multitudinem misericordiarum suarum*[8].

¡Qué desconsuelo recibieron los apóstoles cuando les dijo que se quería ir! *Quia haec dixi vobis tristitia implevit cor vestrum*[9]. Amaban tanto a Jesucristo, que no tenían paciencia para oír decir: «Voime». Pues sois tan amigo de dar consuelo, ¿qué consuelo daréis a estos que tan desconsolados están por amor de vos?

Dos consuelos les da: *Si diligeretis me, gauderetis utique*[10]. No pospongáis mi bien a vuestro contentamiento. Si me amásedes, gozaros híades, que voy a reinar. Y porque este consuelo es de perfectos, que vivan en trabajos y tomen por consuelo que la voluntad de Dios se cumpla en ellos, dales otro consuelo que toca al provecho de ellos: *Tristes estáis porque me voy; pues yo os digo que os cumple que yo me vaya*. Mirá qué palabra, que es menester grandísima fe para creerla; «*Yo os digo, en verdad, que os conviene mi ida*. Paréceos a vosotros que yéndome yo quedáis desamparados y que los judíos y todos los hombres os han de perseguir. ¿Pensáis que quedáis como niños, que, en apartándose la madre de ellos, los ha de comer el lobo?»

—Señor, si dijérades que os cumplía a vos, fuera bien; mas que nos cumple a nosotros, ¿cómo es posible? —*Si enim non abiero, Paracletus non veniet ad vos. Cúmpleos que me vaya, porque si no me*

---

[8] Cf. *Thren.* III, 32.
[9] Cf. *Io.* XVI, 6.
[10] *Io.* XIV, 28.

40

fuere, el Consolador no verná a vosotros; y si me fuere, enviarlo he[11]; por eso os cumple que me vaya. —Señor, consolador por consolador, ¿vos no sois buen consolador?

¿Qué hacía el Señor de decilles bienes de este Consolador, para que con su venida templasen la pena que recibían de su ida?

Enviaros he uno que ha por nombre Consolador, uno que os enseñará, no sólo las cosas presentes, mas aun las por venir; uno que os dirá quién soy, que aun no me conocéis bien; uno que sea Espíritu, que allá dentro de vosotros os enseñe, que ni sea menester orejas para oírle ni ojos para verlo; uno que nunca os dejará, sino que estará con vosotros cuando comáis y cuando durmáis, cuando estéis en la iglesia y cuando estéis en casa; uno que será tan vuestro compañero, que nunca se apartará de vosotros. Tened ahora por bien mi ida, porque venga a vosotros este Enseñador. Todo lo que yo os he hablado, Él os lo declarará. Él será vuestro Maestro, vuestro Ayo, vuestro Consolador, para que os consoléis con Él; tened por bien que yo me vaya.»

Grande es la dignidad del Espíritu, que tuvo por predicador al mismo Jesucristo. ¿Quién predicó de Jesucristo? El mismo Espíritu Santo por bocas de los profetas; mas al Espíritu Santo el mismo Jesucristo, Dios y hombre, lo predicó por su propia boca, y dijo tantos bienes de Él, porque los apóstoles tuviesen paciencia de su ida.

—Señor, consolador por consolador, ¿no os quedaréis vos? Contentos estamos con vos; no hay pena

---

[11] *Io.* XVI, 7.

que con vos no se nos quite; ¡quedaos vos con nosotros, Señor! —No tenéis razón. —Aquella humanidad de Jesucristo que veían no era tan buena como el Espíritu Santo, porque la humanidad era cosa criada, y el Espíritu Santo era Dios. La divinidad de Jesucristo no se iba, como no decendió del cielo; la divinidad tampoco subió ahora al cielo; lo que se ausentaba era el ánima y el cuerpo, y esto menor era que el Espíritu Santo. Pues no tenéis razón de decir que no se vaya, para que venga Él. *«Cuando este Enseñador venga, Él os dirá quién soy*[12]; y cuando me hubiéredes conocido, daréis por bien empleada mi ida por haberme conocido.»

Henos aquí metidos donde yo deseaba. Tenga cada uno el gusto que quisiere; el mío harto ruin es por cierto; mas uno de los tiempos en que mi ánima está consolada y en que mayores mercedes espera recibir de Dios, es esta semana antes de Pascua, llamada por nombre *Semana Santa*. Por reverencia de Dios que me hagáis esta merced, y a Dios este servicio, y a vuestra ánima tan gran bien, que si en otro tiempo habéis sido los que no debíades, esta semana sirváis a Dios muy de veras; y yo os doy palabra de parte de Dios, en cuyo lugar estoy, aunque indigno, que Él os pague el servicio que le hiciéredes. Quien de esta semana tiene parte, tiene parte en todas las otras fiestas del año; quien de esta semana no tiene parte, no tiene parte en su nacimiento, ni en su ayuno, ni en su oración, ni en sus azotes, ni en su muerte, ni en su resurrección, ni en su as[c]ensión; no tiene parte en cuanto ha hecho y hará, si no tiene parte en esta semana.

---

[12] Cf. *Io.* XV, 26.

¿Paréceos que es de tener en mucho esta fiesta? Porque los hombres tuvieran parte en esta fiesta, hizo todo esotro que hizo: *Ut divinitatis suae tribueret nos esse participes*[13]. Ansí lo canta la Iglesia estos días. —¿Qué es participar de su divinidad? —Es celebra bien esta Pascua, recebir el Espíritu Santo, que es el mismo Dios; para eso trabajó Jesucristo tanto, [para] que gozásemos de esta fiesta. —¿Y qué fiesta es ésta? —Fiesta del Espíritu Santo. —¿Y no me pasaré yo bien sin Espíritu Santo? —No, por cierto, y ¡ay de aquel que no tuviere el Espíritu Santo! —¿No me pasaré yo con vivir en mi carne o, a lo menos, en mi espíritu? —No. San Pablo: *Vos autem in carne non estis, sed in spiritu. Si quis spiritum Christi non habet, hic non est eius.* No demaye nadie. «*Vosotros* —dice Pablo— *no vivís en carne,* no vivís por vuestro juicio, no os regís por vuestra voluntad y apetito.» ¡Quién fuera tan dicho predicador, que os dijera con verdad: *No vivís en carne, sino en espíritu, si tamen, o si quidem,* como dice otra letra, *Spiritus Dei habitat in vobis*[14]; porque ciertamente Espíritu de Dios mora en vosotros! Y porque entendáis vuestra bienaventuranza es tener por huésped al Espíritu Santo, sabed que, *si alguno no tiene Espíritu de Cristo, este tal no es de Cristo.* Otra vez era menester decillo y otras mil: Si no es de Cristo, ¿cúyo será?

Toda mi riqueza, Rey, está en ser de vos; con esta condición da Dios las riquezas al cristiano, con que él sea de Dios: *Omnia vestra sunt; sive Paulus, sive Apollo, sive Cephas, sive mundus, sie vita, sive*

---

[13] Cf. *Miss. Rom., Praefat. de Ascens. Domini.*

[14] Cf. *Rom.* VIII, 9.

mors, sive praesentia, sive futura, omnia enim vestra sunt; vos autem Christi, Christus autem Dei[15]. No os llaméis pobres, que *todas las cosas son vuestras: Pablo es vuestro,* porque trabaja y padece por vosotros; *Cefas,* que quiere decir Pedro, es vuestro, porque también suda él, y revienta hecho vuestro esclavo; *Apolo* también; el otro predicador es vuestro, pues os predica; *la vida* es vuestra, pues la vivís para Dios; *la muerte* es vuestra, pues por la muerte pasáis a Dios; *lo presente, lo porvenir,* vuestro es, porque de lo presente usáis de ello como Dios quiere, lo porvenir guardado os está: *Todas las cosas son vuestras, y vosotros de Cristo.* De manera que en esta condición son vuestras todas las cosas, con que vos seáis de Cristo. Si no fueres de Cristo, ¿cúyo serás? *Qui incredulus est Filio, non videbit vitam; sed ira Dei manet super eum; el que es incrédulo al Hijo* de Dios, el que no está bien con Él, *la ira de Dios queda en él*[16].

En Adán comenzó la ira, y en Adán nacemos todos hijos de ira; en Jesucristo comenzó la gracia, y todos los que no estuvieren engeridos en Cristo, *la ira de Dios quedará sobre ellos.* En Adán es el pecado, en Jesucristo es la justicia; en Adán la desgracia, en Jesucristo la gracia; en Adán el infierno, en Jesucristo el cielo. Si no eres de Cristo, si no estás bien con Cristo, *la ira de Dios está sobre ti. In peccatores respicit ira illius: la justicia de Dios está mirando así contra los pecadores*[17]. En cometiendo un

---

[15] *I Cor.* III, 23.

[16] *Io.* III, 36.

[17] *Eccli.* V, 7.

44

hombre un pecado mortal, luego muere a Dios, y pone los ojos airados en él. ¿Quién terná la mano a Dios? ¿Quién te defenderá de él? —*Scapulis suis obumbravit tibi*[18]. —¿Quién te librará de Dios airado? —Dios manso. —¿Quién te defenderá de Dios riguroso? —Dios Cordero. Envió Dios a su Hijo para que la disciplina y castigo cayese sobre Él, no debiendo, y el culpado quedase libre; porque *con sus espaldas te hiciese sombra* y la justicia de Dios no te abrasase. Ponte detrás de Él, que en Él dio el ardor del sol y sobre Él descargó la ira de Dios, y detrás de Él hay sombra; allí hallarás refrigerio.

Pues, si no estuviera en Él, ¿qué fuera de mí? *Si el sarmiento no permaneciere en la vid, no escapará del fuego*[19]; y si tú no estuvieres en Jesucristo, no escaparás del infierno. *Nadie sube al cielo sino Jesucristo, que decindió del cielo*[20]. Nadie entrará en la gloria sino el gracioso, el amado del Padre; y nadie es gracioso ni amado sino en Jesucristo. Quien no está arrimado a Jesucristo, condenado será para siempre. *Quien no tiene Espíritu de Cristo, no es de Él;* ¡ay de él!

—Quitarásmes, Señor, cuanto hay en el cielo y en la tierra, y no me quites ser tuyo. Si tuyo soy, mandarme ha tu bondad, mandarme ha tu humildad, mandarme ha tu mansedumbre. Si no soy tuyo, mandarme ha la ira, mandarme ha la carnalidad, mandarme ha la pasión. ¡Mirá, qué señores estos para regiros, pues ellos mismos son pasiones! ¡Mirá cómo mandarán sin pasión!

---

[18] *Ps.* XC, 4.
[19] Cf. *Io.* XV, 6.
[20] Cf. *Io.* III, 13.

No hay palabra tan áspera como ésta: *Qui non habet Spiritum Christi, hic non est eius. Conterriti sunt in Sion pecatores; possedit tremor hypocritas*[21]. Catá que he de hablar hoy con vuestros corazones y he de poner por testigos a vosotros mismos. *Espantado se han los pecadores en Sión, temblor ha tomado a los hipócritas.* —¿De qué? —*Quia qui non habet Spiritum Christi, hic non est eius.* —¡Oh qué recia palabra! Catá que no os desmayéis tan aína.

No basta, hombre, que vivas en carne ni basta que vivas en espíritu tuyo. No pienses que basta echar mano a la bolsa y dar limosna, si no lo haces en espíritu. Dios es Espíritu y ama a su semejante; quiere que le adores y sirvas en espíritu. Si dentro no hay espíritu limosnero, no aprovecha dar limosna acá fuera. ¿Qué te aprovecha pasar y pasar cuentas, si dentro no ora el espíritu? *Populus hic labiis me honorat, cor autem eorum longe est a me*[22]. ¿Qué sirve la sobrepelliz blanca, que significa la castidad, si ni el espíritu ni el cuerpo tiene castidad? ¿Qué aprovecha tener las rodillas hincadas y el ánima tiesa, que no quiere humillarse a obedecer a Dios ni sus santos mandamientos? Menester es que le sirvan en lo de fuera y en lo de dentro. ¿Contentarse ha con eso, con que le sirvamos con el cuerpo y con el espíritu? No. No desmaye nadie, yo os diré cuándo os desmayéis.

Si alguno no tiene Espíritu de Cristo, no es de Cristo. No te basta tu propio espíritu. —No lo entiendo. —Que me place. No basta que un hombre

---

viva conforme a su razón y que tenga las pasiones refrenadas y regladas por su espíritu; no. San Juan: *Dedit eis potestatem filios Dei fieri his qui credunt in nomine eius: qui non ex sanguinibus, neque ex voluntate carnis, neques ex voluntate viri, sed ex Deo nati sunt*[23]. ¡Oh qué bien lo habéis dicho, Águila de Dios! Los que son hijos de Dios, nacen, no de hombres, *no de sangre, no de voluntad de carne ni de voluntad de varón, sino de Dios*. No basta, para ser hijos de Dios y subir al cielo, que hayas nacido de sangre; nada sirve que seas hijo de conde, ni de duque, ni que seas de sangre de rey. Poco es eso. El mayor serafín que está en el cielo, si no tuviese el espíritu de Cristo, no sería bienaventurado. No se da el cielo por linaje, *non ex sanguinibus, neque ex voluntate carnis;* no nacen de voluntad conforme a lo que quiere su carne; no nacen con voluntad afectada a la carne. Y si nace con voluntad afectada a razón, ése en la Escriptura se llama varón: que quien vive conforme a la carne, no merece nombre de varón. No basta nada de eso para poseer el cielo, no basta ser hombre sólo: *quod enim natum est ex carne, caro est*[24].

Nemo ascendit in caelum, nisi qui de[s]cendit de caelo, filius hominis[25]. No basta que seas hombre, menester es que estés en Cristo, para que en Él subas al cielo. Si solamente eres hombre, heredarás a tu padre, mas no heredarás a Dios. No nacen de ahí los que han de subir al cielo: *sed ex Deo nati sunt*[26];

---

[23] *Io.* I, 12-13.
[24] Cf. *Io.* III, 6.
[25] *Io.* III, 13.
[26] *Io.* I, 13.

de Dios han de nacer. —Declarámelo. —*Qui renatus non fuerit ex aqua et Spiritu Sancto non intrabit in regnum Dei*. Aquél es verdadero hijo de Dios que hubiere nacido de agua y de Espíritu Santo; *el que no naciere de agua y de Espíritu Santo, no entrará en el cielo*[27]. Esto es lo que dijo Pablo: *El que no tuviere espíritu de Dios, éste no es de Dios;* y no tiniéndolo, no será hijo de Dios, ni se salvará.

—Recia cosa es. —Pues esperá un poco, que aún no he acabado. ¡Cuántos estáis aquí a quien esta doctrina parecerá tan nueva como si no fuérades cristianos, y después de haber probado que lo dice Jesucristo, vais a vuestras casas dudando si es verdad lo que se hubiere dicho! *Llama*, dijo Dios a Isaías: *Omnis caro foenum, et omnis gloria carnis quasi flos agri: exsiccatum est foenum et cecidit flos, quia Spiritus Domini sufflavit in eo. Da voces Esaías y di que toda carne es feno y todo lo más honrado de la carne es como flor de heno. Secóse el heno y cayóse la flor, porque el espíritu de Dios sopló en él*[28]. A voces se lo manda decir; porque estará aquí algún mozo o moza que pensará ser gran cosa, ser gentil hombre o gentil mujer, ser honrados y acatados, o tener fresca edad; diles que se engañan, que todo es como florecica de heno, que en viniendo un airecito la derriba. Viene el airecico delicado del Señor, y da con todo en el suelo.

¿Habrá quién entienda esto: *Toda carne es heno?* ¿Qué quiere decir carne? *Verbum caro factum est.* Dice Augustino, en el libro 12 *De civitate Dei,* que

---

[27] *Io.* III, 5.
[28] Cf. *Is.* XL, 6-7.

48

«por carne se entiende todo el hombre, tomando la parte por el todo»[29]. No quiere decir aquí está parte exterior, sino todo el hombre. *Da voces,* que quizá habrá algunos que, aunque no pongan su gloria en vestidos, ni en galas, ni en deleites de carne, quizá estarán más engañados que los que claramente van a su perdición. Predica que *todo hombre* en la parte sensitiva y en la parte intelectiva es *heno* y que *toda gloria de él es como la flor del heno.* —¿Cuál es la honra y gloria de la carne? —Tomá un filósofo, que leer sus obras parece una cosa venida del cielo; hallaréis un entendimiento tan claro, una voluntad tan aborrecedora de vicios y amadora de las virtudes. Ésa es la honra y gloria; es lo mejor que tiene el hombre; mejor es que riquezas; mejor que honra. Pues diles que esa gloria es como flor del heno.

¡Oh cuántos habrá —ahora es el desmayo— que os parecerá tener buena cuenta delante de Dios, y cuando seáis llamados a juicio no podréis estar en pie, porque el soplo del Señor soplará! Aquel juicio tan estrecho, aquel *escudriñar a Jerusalén con candelas*[30], aquel examinar no solamente los pecados, mas también las buenas obras; la limosna que diste, el *Pater noster,* el *Ave María* que rezaste, la misa que dijistes o oístes, la intención de las buenas obras que hecistes, que os parecía a vos que teníades en ellas algún refrigerio para la hora de la muerte. Diles que *toda carne es heno.* Día verná, cuando el Espíritu del Señor sople en esas cosas, y no podrán es-

---

[29] SAN AGUSTÍN, *De Civitate Dei,* l. XIV, c. II, 1; c. IV, 2: ML XLI, 404-408.
[30] *Soph.* I, 12.

tar en pie, porque no ternán fuerzas para ello. ¿Por qué no podrán estar en pie? ¿Quién te defenderá del juicio de Dios? ¿Piensas tú que te podrás defender? No te defenderá de Dios sino el mismo Dios. *El soplo de Dios derriba la flor.* Quiere decir que si diste limosna, si perdonaste la injuria, si dices o oyes misa, no te aprovecha nada, si de ti sólo sale.

—No lo entiendo. —Pues oigan los sacerdotes y teman. Dicen los hijos de A[a]rón: «Encensemos a Dios, que está airado, para que se amanse». Bien hacéis. Toman los encensarios y ponen fuego de por ahí y no del que Dios había mandado; comienzan a encensar, y no solamente no fue acepto, mas presencialmente los mató allí Dios y los sacaron muertos con sus sábanas y sobrepellices, por causa del fuego que pusieron[31]. Habíales Dios mandado que no le sacrificasen con el fuego común, sino con el que Él enviase; hácenlo al revés, y reciben la pena de su delito. ¡Ay del sacerdote que sube al altar si no lleva en su corazón el fuego de Dios! ¡Ay de aquel sacerdote que dice misa o va a entierros con fuego de la tierra, con fuego de codicia o de vanidad, y no con fuego de amor de Dios! ¡Ay de él, que le dirán: «Daca, el bien que hiciste, ¿de qué corazón salió? ¿Salió de corazón tuyo o de corazón mío?» Todo lo que hallare no haber procedido de fuego de amor de Dios, no lo recibirá Dios. No vengo a disputar aquí si las obras indiferentes o las moralmente buenas que no proceden de caridad, como de raíz, sean meritorias; baste, que todo lo que hallare hecho sin haber estado presente el Espíritu del Señor, no lo re-

---

[31] *Lev.* x, 1-5.

cebirá. Aunque sea hacer milagros, aunque sea derramar la sangre, si no está presente el Espíritu Santo, todo es perdido. ¡Oh Virgen María, qué de gente ha de haber engañada para aquel día!

El que no tiene Espíritu de Cristo, este tal no es de Cristo. ¿Qué sentís cuando oís esto? Tené punto. Este lugar es lugar de Dios; desde aquí son juzgados vuestros corazones. Una representación es este juicio de lo que ha de obrar Dios en aquel día del final juicio. Dice Dios: *El que no tiene Espíritu de Cristo, este tal no es de Cristo.*

—Esperá, ¿no dijistes que lo dicía San Pablo? —No es más verdad lo que predicó Dios encarnado que lo que escribió Pablo. —¿No va diferencia de Dios a Pablo? —Si Pablo hablara como Pablo, bien fuera. Mas Pablo pone la lengua y garganta, él pone la voz; mas la palabra, de Cristo es. Augustino: «Cuando uno va a sembrar, lleva una espuerta, que quizá va llena de barro, y el trigo que va en ella es muy lindo. No es el trigo de la espuerta bueno porque va en ella»[32]. San Pablo. Esaías, Jeremías, ¿sabéis qué son? Espuertas de la semilla y palabra de Dios. No tengáis en poco la semilla y palabra de Dios. No tengáis en poco la semilla, si la espuerta es vil. El Concilio Tridentino, que por nuestros grandes pecados me dicen que está desbaratado, aprobó por canónicos todos los libros de la Biblia, excepto el tercero y el cuarto de Esdras. Tan verdad es lo que San Pablo dice en sus epístolas como lo que Cristo dice en su evangelio, pues todo lo dice un mismo Espíritu.

---

[32] SAN AGUSTÍN, *Serm.* CXXV, 8: ML XXXVIII, 695.

¿Qué sentís del día del juicio? Unos se gozarán y otros gemirán. ¿Qué sentir de esta palabra: *El que no tiene Espíritu de Cristo, este tal no es de Cristo?* Habrá algunos que oyéndola bendecirán a Dios, porque por su misericordia confían que tienen Espíritu de Cristo; otros habrá que oyéndola les dé mal de corazón, especialmente a algunos que oyendo decir Espíritu hacen cuenta que oyen nombrar al diablo, como los gentiles, que no podían oír decir que había un Dios. Los judíos bien confiensan un Dios; mas, cuando oyen decir que este Dios tiene Hijo, el cual es igual al Padre, luego les toma el demonio, y dijeron: *Este hombre blasfemado ha, que se ha hecho Hijo de Dios*[33]. Los cristianos confiesan un Dios y que tiene un Hijo igual a su Padre; mas, en nombrándoles a algunos Espíritus, les da mal de corazón. ¿Cómo hemos de hablar, sino como Dios y la Escriptura hablan? Una gente tan enemiga de Espíritu, que aún no le quieren oír nombrar. ¿De dónde nace eso? De estar el corazón maleado. ¿Qué hacéis cuando oís una palabra que os da pena, y os dicen: «Dios lo dijo»? ¿Qué dijo Acab? «Este Miqueas nunca me profetiza cosa que me agrade»[34]. Yo soy pregonero, ¿qué culpa tengo? Dios os lo envía a decir.

La palabra dicha en el púlpito, que no revuelve al malo los humores, no se dice como palabra de Dios ni se recibe como palabra de Dios. *Domine, Deus me[u]s es tu, exaltabo te et confitebor nomini tuo: quoniam fecisti mirabilia, cogitationes antiquas fideles. Amen, Señor, Dios mío eres tú, ensalzarte he.*

---

[33] Cf. *Mt.* XXVI, 65.
[34] Cf. *3 Reg.* XXII, 8.

Ensalzar la palabra de Dios, ensalzar al mismo Dios es. *Yo ensalzaré tu nombre, porque hiciste cosas maravillosas, y los pensamientos antig[u]os y lo que eternalmente pensaste pusístelo por obra.* —Ea ya, decís, ¿qué es: *Quia posuisti civitatem in tumultum, urbem fortem in ruinam, domum alienorum, ut non sit civitas, et in sempiternum non aedificabitur: super hoc laudabit te populus fortis; civitas gentium robustarum tenebit te*[35]: «Yo te alabaré, Dios mío, porque has puesto la ciudad en alboroto, has alborotado aquella ciudad de males que vivía en el corazón, que estaba en paz; yo te alabo porque el corazón que estaba reposado y rellanado en sus pecados, lo has revuelto». No hay ruibarbo ni caña fístola que así revuelva el estómago como la palabra de Dios. Nadie espere ser consolado de Dios, si primero no es entristecido. Si quieres ser consolado, dolores y temores has de tener, alborotado has de estar, so pena de no ser palabra de Dios la que oíste.

—¡Triste de mí, que me dicen que *ni el fornicador, ni el avariento, ni el maldiciente no han de entrar en el cielo!*[36] —Andá, dice el otro, que no será tanto como dicen: que Dios es misericordioso. —Andáis buscando achaques con que, aunque no matéis la palabra de Dios, a lo menos la herís y debilitáis, como los otros labradores de la viña, que a unos mataron y a otros hirieron de los criados del Señor[37]. Aquél mata la palabra del Señor, que dice. «Quitá allá, que no tengo cuenta con

---

[35] Cf. *Is.* XXV, 1-3.

[36] Cf. *Eph.* V, 5.

[37] *Io.* III, 19.

eso»; aquél la debilita, que dice: «A la vejez seré bueno». Andá buscando achaques para no ir desconsolado del sermón. Porque salen del sermón desconsolados y a cabo de poco se tornan a consolar y a olvidar de lo que oyeron.

Hoc est iudicium, dice la glosa: *Ésta es la causa de su condenación. Quia lux venit in mundum et dilexerunt homines magis tenebras quam lucem.* ¿Por qué lo hacen ansí? *Vino la luz al mundo.* ¡S[e]ela Dios bendito por ello! ¿Quién es la lumbre? Jesucristo; la palabra de Dios es la lumbre con que habéis de mirar vuestra ánima si está buena o mala; *y amaron los hombres más las tinieblas que la lumbre.* Dios os guarde de hombre que lo vais a llamar cuando está durmiendo, porque le hace mal el dormir, y le ponéis una hacha delante los ojos, y la apaga por dormir más a su placer. —¿Por qué aborreces la palabra de Dios? —Porque te hace mal sabor al sueño que quieres dormir. Dícente: *Si no perdonares a tus prójimos sus pecados, Dios no te perdonará los tuyos*[38]. ¿Qué ha de sentir el enemistado? Dícenos: *Si no os tornáredes como niños, no entraréis en el reino de Dios*[39]. ¿Qué ha de sentir el fantástico? ¿Qué sentirá el que tiene lo ajeno, cuando oyere decir: «Si alguno tiene lo ajeno, el diablo le tiene a él»? ¿Qué ha de hacer? ¡Apagar la lumbre para dormir a su placer! Recuerda que te mata el dormir; cata que te vas a más andar al infierno. ¿Hácesete de mal dejar el pecado, y por no decir: «No es verdad la palabra de Dios», quieres

---

[38] Cf. *Mt.* XVIII, 35; VI, 12
[39] *Mt.* XVIII, 3.

apagarla y no acordarte de ella? *Amaron los hombres más las tinieblas* (que son los pecados) *que la luz.*

—¿Cómo habéis de hacer? —¿Cuando os desconsuela la palabra de Dios, no la olvidéis. Que tenéis el emplasto puesto en la llaga, no lo quitéis, y daros ha sano. Díceos Dios una palabra que os lastima, ponedla sobre la llaga. —¡Oh que me entristecí! —Entristezca, hágaos llorar, obre. —¡Oh que me da pena! —Hermano, con eso sanaréis y veréis cuán grande consuelo os da después. Al punto que os da pena el oír: *El que no tiene el Espíritu de Cristo, este tal no es de Cristo,* pensad bien en ello, deteneos; ¿qué es lo que sentís? ¡Oh qué desmayados estáis!

Quien no vive por espíritu ajeno, *éste no es de Cristo.* No has de vivir, hermano, por tu seso, ni por tu voluntad, ni por tu juicio; por Espíritu de Cristo has de vivir. Espíritu de Cristo has de tener. —¿Qué quiere decir Espíritu de Cristo? —Corazón de Cristo. El que no tuviese corazón de Cristo, este tal no es de Cristo. —Esposa —dice Jesucristo—, *pone me ut signaculum super cor tuum, ut signaculum super brachium tuum: quia fortis est dilectio sicut mors*[40]. ¡Iglesia, cristianos, herrados habéis de estar con mi hierro; sellados habéis de estar con mi sello! Yo mismo tengo de ser el sello; ablandad vuestros corazones como cera, y señaláme en él, y ponéme *como señal sobre vuestro brazo.*

—¿Qué queréis decir? —Quiere decir que los predestinados han de *ser semejantes a Jesucristo,*

---

[40] Cf. *Cant.* VIII, 6.

como dice San Pablo[41]. —¿En qué han de ser semejantes? —*Ambulate in dilectione, sicut et Christus dilexit nos*[42]. —Dadme, Señor vuestro corazón, y luego amaré lo que vos amáis, aborreceré lo que vos aborrecéis.

—*El que no tiene corazón de Cristo, no es de Cristo*. —Cosa recia es. —No es, por cierto. ¡Oh hermanos, qué de sermones habéis oído, y no acabáis de entender lo que os cumple! —Desconsolados estamos, padre. —Así lo quiero yo, hermanos, y ansí lo quiere Dios. —¿Qué remedio para esto? ¿Cómo terné consuelo? ¿Qué sé yo si estoy en gracia? ¿Qué sé yo si tengo Espíritu de Cristo? —¡Buenos estamos, por cierto! ¿Qué sabéis vos? Hablo con frailes, clérigos y personas recogidas y desocupadas. Si me decís de saberlo por ciencia evidente, si me habláis de artículo de fe, bien decís que no sabéis si estáis en gracia. Mas hablamos de un conocimiento por conjecturas y por señales; de un descanso y sosiego de corazón entrañable. ¡Malaventurado de aquel —no quiero decir condenado, sino penado de aquél— que no tiene este consuelo, aquella confianza, aquel decir: «Salvarme tengo»! No hay cosa más desconsolada que el que no tiene este consuelo. Que los mercaderes, que los negociadores, que los casados y los que están ocupados en negocios temporales no tengan esta consolación del Espíritu Santo, no es de maravillar; mas ¡quien contrata con Dios, quien habla con Dios y Dios con él —que cuando leemos habla Dios con nosotros, y cuando

____

[41] Cf. *Rom.* VIII, 29; *Eph.* V, 1.
[42] *Eph.* V, 2.

oramos hablamos nosotros[43]—; quien tiene familiaridad con Dios y vive desconsolado, grandísimo es su desconsuelo y grande es su desdicha! ¡Qué subamos al altar y metamos un terrón de azúcar en la boca, y no sintamos dulzura; que metamos un gran fuego en nuestro seno, y no sintamos calor! ¡Gran pena, gran desconsuelo! Téngase por desdichado el que de esta manera se sintiere. Si preguntásedes a una esposa: «Decí, señora, ¿qué condición tiene vuestro esposo, es dulce o es áspero?» Y os dijese: «No sé, por cierto». Diríades vos: «¿Pues quién lo sabrá?» Si preguntáis a un sacerdote, que trata con Dios, qué condición tiene Dios, y dice que no sabe, ¿a quién lo preguntaréis?

Ipse Spiritus testimonium reddit spiritui nostro quod sumus filii Dei[44]. *El mismo Espíritu Santo* con su consuelo, con su calor, *nos da testimonio* y dice *que somos hijos de Dios*. Veis aquí cómo se conoce por conjeturas que está uno bien con Dios. ¿Estáis desconsolados? Guardadme ese desconsuelo para su tiempo: *Cuando venga el Consolador,* dice Cristo, *Él dará testimonio de mí*[45]. ¿Estás desconsolado? También lo estaban los apóstoles: ellos porque se les iba Jesucristo, y tú también porque se te ha ido Jesucristo por el pecado que heciste. —¿Por qué estás triste? —Porque ofendí a Dios; porque le he sido ingrato y le he dado de bofetadas. —¿Estás triste? Enhorabuena; espérate un poco, que de aquí a ocho

---

[43] SAN AMBROSIO, *De offic. ministr.*, l. I, c. XX, 88: ML XVI, 50; SAN JERÓNIMO, *Ep.* XXII, 25: ML XXII, 411.

[44] Cf. *Rom.* VIII, 16.

[45] *Io.* XV, 26.

días verná un Consolador que te consuele. Quisiera haber demandado albricias antes que os lo dijera.

Vais al confesor o al predicador: —Padre, consoláme. —¿Queréis que os deje un Consolador que os consuele en vuestra cama, y que no tengáis necesidad de ir a buscar quien os consuele? Pues el Espíritu Santo es, el cual mucho quiere a las viudas, mucho ama a los huérfanos, mucho a los tristes. ¿Queréis recebirlo? ¿Estáis triste por habérseos ido Jesucristo? De parte de Jesucristo os prometo que Él venga en vuestras entrañas; muy sin cuidado me iré esta noche a dormir, que me toméis en mentira.

—Padre, ¿cómo consolará una tan gran llaga? —En eso veréis que es Dios. Si el Espíritu Santo no fuera mayor que la humanidad de Jesucristo, no pudiera consolar la tristeza que tenían por su ida, no pudiera henchir el vacío que dejó con su ausencia. Mirá el desconsuelo que tenían los apóstoles por la ausencia de la humanidad de Cristo, que mayor es el consuelo que recibieron con el Espíritu Santo. No hay tristeza que el Espíritu Santo no consuele, por muy grave que sea.

Hermano, este Consolador verná. Algún aparejo es menester que hagáis para recebirlo. Quien no tiene el Espíritu de Dios, ¿qué hará para tenello? Ése es el negocio en que hemos de entender esta semana; desocupaos de negocios temporales para recebir en vuestros corazones el Espíritu de Cristo. Dícese «de Jesucristo» porque procede de Él en cuanto Dios y porque mora en Él en cuanto hombre.

—Padre, ¿querrámelo dar? —No es bien que yo os lo diga, dígaoslo quien os lo ha de dar. Estaba Jesucristo en Hierusalem una Pascua de los Tabernáculos —que caía en setiembre—, y predicaba en el templo. Estando predicando, dale un grandísimo fervor, y comienza a encenderse y entonarse y alzar la voz, con aquel fervor que tenía de salvar las ánimas. ¡Quién te oyera dar voces, Rey mío, que bien te llamas voz y clamor del Padre, porque no pudo más alto hablar de lo que entonces habló cuando te engendró! ¡Quién le oyera dar voces y le viera aquel rostro encendido! Decid, Señor, que, aunque ha mucho tiempo que predicastes, bien os oiremos ahora; que para los de entonces y para todos los que después viniesen las dijistes. *Si quis sitit, veniat ad me, et bibat*[46]. En el templo estaba y en Pascua; y el postrer día, que era más solemne que todos, decía no como quiera, sino a grandes voces: *Si alguno ha sed, venga a mí y beba. El que cree en mí, ríos de agua viva correrán de su estómago.* Decláreoslo allá dentro el que tuvo por bien de predicallo acá fuera.

Hermanos, ¿por qué os morís de hambre y de sed? *Quare appenditis argentum et non in panibus, et laborem vestrum non in saturitate?*[47]. ¿Por qué traéis corazones semejantes al infierno, que nunca se harta? ¿Qué angustias tenéis? Venid a Él y Él os las remediará; si tenéis sed, Él os la hartará: *Perdix fovit quae non peperit*[48]. Pone la perdiz sus huevos; pasa por el nido una perdiz y échase sobre los huevos ajenos; viene la que los puso, y no la deja llegar; finalmente, saca los perdigoncillos, y cuando pasa

---

[46] *Io.* VII, 38.

[47] Cf. *Is.* LV, 2.

[48] *Ier.* XVII, 11.

la madre verdadera, puso Dios tal instinto en los perdigoncillos, que dejan la madre falsa y vanse con la verdadera. ¡Oh mal animal, robador de lo ajeno, oh dimonio!, ¿por qué tienes empollando los huevos que puso Dios? ¡Oh lujuria, oh malquerencia!, ¿por qué tú has de tener usurpada un ánima que crió y redimió Jesucristo? Daos un poco de calor y estaos empollando, tiniéndoos robados de la madre verdadera. Hijos sois de Dios, el cielo para vosotros es. Ea, pues, cristianos, redemidos de Jesucristo, oí la voz de vuestra madre verdadera; oí la voz de Jesucristo, que os parió en la cruz con grandes dolores; conoce la voz de tu madre, que te está llamando: *Si alguno ha sed, venga a mí y beba*. Veníos a mí y daros he contentamiento y hartura. Si el hombre tuviere seso dirá: «Este es mi Redemptor, éste es el que dio su sangre por mí, quiero irme a Él». Y darte ha a beber su espíritu; quedarás tan harto y contento, que *saldrán de tu estómago fuentes de agua viva*. No solamente ternás agua y contento para ti, mas también para los otros. Deseoso está Él de darnos su Espíritu; deshaciéndose está por darte lo que has menester; no tengas duda de eso, no quedará por su parte.

—¿Pues qué haré yo esta semana para estar aparejado para recebirlo? —Haz lo que hicieron los apóstoles. ¿Qué queréis? ¿Espíritu Santo? Sabed que no es amigo de carne. Dicen los santos doctores que una de las causas principales por que se fue Jesucristo, fue por el grande amor que le tenían a su sagrada humanidad. —Váyase Él, dice el Espíritu Santo, y luego verné yo. —Celoso sois, Espíritu Santo; ¿y de quién? ¿De la carne limpísima que fue concebida por vos mismo?

Desengáñense los amancebados, desengáñense los carnales, que a ninguno de ellos verná el Espíritu Santo. La paloma que salió del arca de Noé tomó un ramito verde de oliva y no quiso poner sus pies sobre cuerpo muerto; limpia se volvió al arca. El cuervo, a comer carne muerta; la paloma, a aborrecerla. La paloma figura es del Espíritu, y el Espíritu Santo no toca a carne muerta. Alimpiá vuestros corazones de deseos carnales. Ayuná esta semana los que tuviéredes fuerza para ello; que ya que quiera carne, ha de ser carne manida y con ayunos enflaquecida. Y en albricias y en merced os lo demando, que barráis vuestra casa con la confesión muy devotamente, que ha de venir vuestro Huésped, y no es bien que halle la casa sucia.

—¿Qué más? —La comida; mirá que trae gente consigo, y habéis de dar de comer a sus criados; mirá los pobres que tenéis en vuestro barrio y daldes esta Pascua de comer. Pues Dios se da a vosotros, dalde vos siquiera un poco de limosna. Mirá que el primer fruto del Espíritu Santo es la caridad; dad de comer al que tuviere hambre; dad la saya a quien estuviere desnuda; dad la camisa a quien tuviere necesidad de ella; sacad de las cárceles a los encarcelados.

—No tengo de qué hacer limosna. —Perdoná las injurias, rogad a Dios por los que os persiguen, llorá con el que llora, caed con el caído, los males ajenos teneldos por vuestros, que ésta es verdadera misericordia.

—¿Hay más? —No más, sino que, la casa barrida y ataviada, es menester que le roguéis que venga, no como algunos malcriados, que, no tiniendo la casa

aderezada ni puesta la mesa, dicen: «Señor, vení a
mi casa». Aparejad primero la casa y luego rogalde
que venga: «Señor, por la sangre que derramaste,
nos envía el Espíritu Santo que nos prometistes».
Rezad siete veces el *Pater noster* con el *Ave María* a
los siete dones del Espíritu Santo. Dígoos poquito;
esforzaos vosotros a hacer más. A lo menos de aquí
a Pascua rezad esto cada día; rezad con la boca y
con el espíritu; importunalde que venga, y os dará
en este mundo su gracia y después su gloria, *ad
quam nos perducat. Amen.*

TERCER SERMÓN

*Domingo de Pentecostés. (En la profesión
de una monja.)*

*Ad eum veniemus, et mansionem apud cum
faciemus.*
Vendremos a él y haremos morada cerca de él.
(Io, XIV, [23]).

Cosa es el hablar y oír cosas de Dios, que debe poner mucho cuidado así al que oye, para oírlas, como al que habla, para hablarlas; porque son tan altas y profundas, tan fuera de todo entendimiento humano, que para hablar cosas del cielo ha de venir del cielo quien las sepa hablar. Y no penséis que fue en balde mandar Jesucristo a sus apóstoles sagrados que no predicasen el Evangelio suyo por el mundo hasta que hubiesen recebido el Espíritu Santo.

Estaba Esaías muy ufano, y decía que había de profetizar cosas de Dios, no conociendo su bajeza. Vino Dios, y dijo así: «Pues esperad, que yo os descubriré a vos mismo, para que veáis». Dióle un poco de conocimiento de sí; mostróle Dios cuál era; y fue tanto el mal que de sí sintió Esaías, conociendo su poquedad y miseria, que no osaba hablar, ni tuvo es-

fuerzo para profetizar, y dijo: *Vae mihi, quia vir po-
llutus labiis sum*[1]. *¡Ay de mí!*, dice Esaías. —¿Qué
es eso, profeta, que habéis? —¿Cómo tengo de hablar, *que mis labios están muy sucios,* no son dignos
de hablar cosas de Dios? —Cuando Dios le vio de
esta manera ya, envió un serafín con unas tijeras de
despabilar, que estaban en el altar, y metiólas en el
fuego que allí estaba. Tomó el serafín un ascua de
aquel fuego y tocó con ella los labios de Esaías, y
luego quedaron limpios.

Yo no sé, hermanos, qué tales están vuestros
oídos; si vuestras orejas están limpias o no, yo no lo
sé. Si mis labios están sucios, yo soy de ello buen
testigo que lo están, y no son dignos de hablar cosas
del cielo si el Señor no envía fuego del cielo para
que me los limpie; supliquémosle lo haga.

*Ad eum veniemus, et mansionem apud eum facie-
mus. A él vendremos, y en él haremos nuestra morada:* moraremos en él. Son palabras dichas por la
boca de Jesucristo, díjolas a los sagrados apóstoles, y
no solamente a ellos, pero a todos cuantos son y serán.

Dice nuestro Redemptor: *Si alguno me quiere
bien, guarde mis mandamientos*[2]. *¡Si alguno me
quiere bien!* ¡Desdichado de aquel que bien no os
quiere, Señor! *Si alguno me ama, guardará mis palabras.* Si tenéis un amigo que tiene en mucho vuestra amistad, decísle: «Señor, ¿amáisme? Ruégoos
que guardéis esta palabra; que hagáis esto por mí».
Si el otro piensa que en no hacerlo no va menos de
perder vuestra amistad, hácelo por no perderla. Así

---

[1] Cf. *Is.* VI, 5.
[2] *Io.* XIV, 23.

nuestro Redemptor encargó a sus sagrados apóstoles muchas cosas, y que las guardasen, so pena de perder su amistad; y tanto es esto verdad, que quien no guarda lo que Cristo manda, va perdido sin ningún remedio. Y porque por ventura los discípulos no tenían en tanto las palabras de Cristo por ser suyas, tanto como si fueran de Dios, díjoles Cristo: «Y porque no penséis que son mías estas palabras y que de mí digo lo que digo, *sermonem quem audistis non est meus, sed eius qui misit me, Patris*[3]. *Las palabras que* os he dicho *y habéis oído, no son mías sino de* mi Padre, *que me envió;* tenedlas en mucha reverencia y acatamiento, y guardadlas, pues sabéis cúyas son».

Si alguno me quiere bien, guarde mis palabras. ¡Qué amores tan bien pagados son amar a Jesucristo! ¡Bendito sea el Señor! ¿Hemos de amar de balde? ¿Qué nos habéis de dar porque os amemos? Dice Cristo nuestro Redemptor que *vendremos a él, y moraremos en él,* que lo tomaremos por posada. ¿Quién son los que han de venir? El Padre y el Hijo y el Espíritu Santo; porque dondequiera que ellos van, va el Espíritu Santo: todas las personas de la Santísima Trinidad; ¡como quien no dice nada! Y no nos iremos luego —dice nuestro Redemptor—; *moraremos en él,* haremos nuestra habitación. *¡Bendito seas para siempre y bendita sea la boca que tales palabras habló y de tanto consuelo!* ¿No os lo dije, que esperábamos tres huéspedes? *Vendremos a él y moraremos en él.* Espanto pone, hermanos, ver el cuidado que toda la Santísima Trinidad tiene y el amor tan grande con que anda tras el hombre.

---

[3] Cf. *Io.* VII, 16.

¡Quién le preguntase!: «¿Qué vistes, Señor, en este hombre, que tanto le amáis, que parece que andáis muerto por él de amores?»[4]. Si viésemos a un gusanillo, a un hombrecillo de nosotros andar tan solícito y tan enamorado de la Santísima Trinidad, como ella anda tras el hombre, espantarnos híamos, por cierto, de tal cosa. —¿Qué es esto que vistes en el hombre, que tan bien os ha parecido? ¿Qué interese se os sigue de amar al hombre? ¿Es porque es sabio? ¿Porque es bueno? ¿Porque es rico? —Todo eso le falta. —¿Qué es esto, que andáis muerto de amores de los hombres? ¿Por qué, Señor, queréis morar en los hombre? —Yo os lo diré: Porque moraba Dios en el hombre, y, dejando Dios de morar en él, quedó perdido; por eso, por restaurar la pérdida del hombre donde moraba, quiere morar en el hombre.

Crió Dios el primer hombre, tomó un poco de tierra, hizo así una forma, y luego infundió en él anima, *spiravit in eum spiraculum vitae*[5]: sopló Dios en aquel cuerpo un soplo de vida; en lo hebreo está *in nares eius,* que por las narices sopló Dios el ánima de Adán. Dice *resuello,* lo que hizo en aquel cuerpo muerto, que fue el ánima; porque sin el ánima está el cuerpo muerto. Crió Dios primero el ánima de Adán. Así lo dice San Pablo: *Factus est primus homo in animam viventem*[6].

En el principio del mundo crió Dios los cielos y la tierra, y las estrellas, y la mar, y las arenas, y los

---

[4] Cf. *Ps.* VIII, 5; *Heb.* II, 6.
[5] Cf. *Gen.* II, 7.
[6] Cf. *I Cor.* XV, 45.

peces, y las hierbas, y todos los animales. Crió todo el mundo; hizo en un día esto, y en otro estotro, y así fue Dios discurriendo. Ya que estaba todo hecho, dijo Dios: *Faciamus hominem ad imaginem et similitudinem nostram*[7]. *Hagamos el hombre.* Como cuando un buen padre tiene aparejada una casa muy bien aderezada con mucho ajuar y todo lo que es menester, dice: «No falta ya sino que mi hijo venga y goce de su casa», así había Dios criado todo el universo, para ajuar, para servicio del hombre; dice Dios: «No es razón que se haga esto y que no haya quien goce de ello: *Hagamos al hombre a nuestra imagen y semejanza».*

Crió Dios el hombre, ¿para qué, si pensáis? Para que amase a Dios, y amándole le poseyese, y poseyéndole le gozase, y gozándole fuese bienaventurado. Fueron criados para ir a la bienaventuranza y alcanzar aquello para que fue criado, si quisiera guardar los medios que tenía Dios ordenados. No los quisieron esperar; quisieron saltar por corrales, bardales y ventanas; no quisieron entrar por las puertas, perdiéronse, pecaron y quedaron malaventurados. Moraba Dios en ellos cuando estaban en gracia; pecaron, no quiso Dios morar allí. Veis aquí qué tal quedó el hombre sin Dios.

Hagamos al hombre a nuestra imagen y semejanza. En dos cosas es el ánima semejante a Dios. Lo uno en la inmortalidad, porque no es mortal; así como Dios no tiene fin, así ni ella lo terná; así como Dios es inmortal, el ánima es inmortal. Lo otro en que el hombre le es semejante es en la sutileza y ser

---

[7] *Gen.* I, 26.

espiritual, que así como Dios es espíritu, así lo es el ánima; con esto tenía conocimiento de Dios; no como los otros animales brutos, que no conocen a Dios ni tienen de Él conocimiento.

El hombre debe conocer a Dios. San Juan lo dice: *Esta es vida eterna, ut cognoscant te Deum verum: que te conozcan, Dios verdadero*[8]. Así estaban los primeros padres. Como conocían a Dios, estando en gracia, tenían el entendimiento vivo con que entendían a Dios, tenían la voluntad sujeta a no amar otra cosa sino a Dios. Éstos cumplían bien aquella divina palabra: *Hágase tu voluntad*[9]. Tenían su carne tan sujeta, que ella no quería sino lo que ellos querían; andaba la carne como una sierva muy humilde, que andaba a sabor de su señor; no estaba rebelde, no echaba coces.

En pecando el hombre, en quebrantando el mandamiento de Dios, luego quedó, la gracia que tenía, perdida; y esto que resplandecía en ellos, quedó en grandísima manera estragado; el entendimiento quedó ciego, perdió el conocimiento que tenía de Dios, y la voluntad tuerta, la cual Dios había dado al hombre para que a sólo Él amase, y todo lo que amase fuese por Él; ya no sabe el hombre amar a Dios por solamente Dios, sino por su interese. Si ama al prójimo, no por Dios, sino por su gusto. Si antes estaba la carne mortificada y sujeta, ahora está rebelde y tira coces; y yéndose Dios del hombre, quedaron los desventurados tales, que es lástima pensarlo; y yéndose la claridad, quedaron a escuras.

---

[8] Cf. *Io.* XVII, 3.

[9] *Mt.* VI, 10; cf. *Lc.* XXII, 42.

Rogaldes por vuestra vida a los letrados, a los que se tienen por sabios, que entiendan sin Dios, que sepan algo sin Dios. Otras cosas bien las pueden ellos saber; pero saber la verdadera ciencia, no la pueden saber sin Dios. Otra vez: *Et si quis fuerit consummatus inter filios hominum, et ab illo abfuerit Sapientia Dei in nihilo computabitur*[10]. *Si alguno fuere acabado* en sabiduría, que *acerca de los hombres* fuere tenido por muy sabio, *y la sabiduría de Dios no more en él,* sino que esté apartado, *será contado por nada.* Los ciegos que Cristo sanó, a éstos significaban.

Así que todo lo bueno que el hombre tenía quedó estragado; el entendimiento, ciego; la voluntad, tuerta; la carne, rebelde, y ¡cuán rebelde! No hay caballo que tanto haronee como esta carne. ¿No es verdad? Meta la mano cada uno en su pecho, y verá esto ser ansí. No es menester libros para probar esto. El oficio de la carne no es otro sino tirar coces contra la razón. ¿No os ha acontecido alguna vez querer hacer alguna buena obra, y estorbaros vuestra carne? ¡Cuántas y cuántas veces acontece! Si vos queréis ayunar, la carne quiere comer; si la razón quiere sujetarse a Dios, la carne le estorba. Si el hombre quiere trabajar en rezar u en otros ejercicios, en disciplinar la carne, le estorba la carne y lo contradice. Si el espíritu está aparejado para servir a Dios, la carne está rebelde, está dando voces: «No lo hagas». Así lo dijo nuestro Redemptor por su boca: *Spiritus quidem promptus est, caro autem infirma*[11]. *El espíritu aparejado está,* sujeto está a pa-

---

[10] Cf. *Sap.* IX, 6.
[11] *Mt.* XXVI, 41.

decer, *pero la carne enferma* está y rebelde, ¡y cómo rehúsa la carrera! Con el pecado quedó todo perdido.

Veis aquí quién somos; y mirémonos en este espejo, y veremos lo que somos, pero no lo que podríamos ser. ¡Oh hermanos, qué seríamos si la mano de Dios nos dejase tantico! Peores seríamos que los demonios; muy mayores abominaciones haríamos. Si os diese Dios a entender lo que podríamos ser, ¡qué veríades, qué fealdades tan grandes, qué malísimas figuras de abominaciones! Yo conocí una persona que rogó muchas veces a Dios que le descubriese lo que él podía ser. Abríole Dios los ojos tantico, y le hubiera de costar caro. Vióse tan feísimo, tan hediondo, tan sucio, tan abominable, que a grandes voces decía: «Señor, por vuestra misericordia, me quitad este espejo de delante de mis ojos, no quiero ver más mi figura[12]». Quedamos hechos, hermanos, un terrón de miseria, un pedazo de suciedad; quedamos hechos espíritu malo que viene con aparencia de Espíritu Santo, y no es sino malo y solapado, y lleno de engaño y maldad para engañar. Cuando vino Judas el jueves de la Cena a engañar con aque-

---

[12] Cf. M. DE ROA, S. I., *Vida y maravillosas virtudes de doña Sancha Carrillo* (Sevilla 1615), l. 1, c. 9, f. 17 r-v: «Suplicó [doña Sancha] a nuestro Señor le hiciese merced de darle a ver su alma; porque, conociendo en ella la fealdad de sus culpas, se animase a borrarlas. Condescendió el Señor con sus ruegos y mostrósele en esta forma... Vio una niña muy flaquita, cubierto el rostro de moscas. Tomóla en brazos y dijo al ermitaño [que se le había aparecido también]: —Padre, ¿qué es esto? —¿No te acuerdas, replicó él, cuando ahincadamente suplicaste a nuestro Señor que te mostrase tu alma? Pues ves ahí tu retrato; y mira bien, que de esa manera la tienes...»

lla gente y a prender a Jesucristo, luces traía; pero porque venía a prender, y con mala intención, a Jesucristo, no le alumbraron, quedó a escuras.

¡Oh cuántos, estando en sus monesterios contentos y muy buenos religiosos sirviendo a Dios, les ha venido pensamiento que si fuesen al desierto estarían más recogidos, más solos; se darían más a Dios y aprovecharían en sus conciencias más que en el monesterio, y que allí no hacen nada sino comer e irse al coro, y que gastan el tiempo desaprovechadamente. Y dales tanta guerra este pensamiento, que parece santo y es malo, que los hace salir de sus monesterios y ir a las soledades para mejor servir a Dios.

Entra un casado en un monesterio, y como ve a los religiosos, parécele todo tan bien, que se desagrada de su vida, y de su mujer, y de sus hijos, y de todo lo de acá, y abomina y llama infierno a lo de acá, y al trabajar —y aun quizá es para mantener su casa—, y dice que no hay otra vida para servir a Dios sino aquélla, y que querría descasarse y meterse allí, y deséalo y procúralo; y es aquello falso, que no lo hace sino de flojo por no trabajar. Ya os puso Dios en ese estado, en ése os salvaréis; tened cuidado de hacer en él todo lo que debéis, que ahí os dará Él su gracia con que vais al cielo; que el demonio no os da contento de esa vida santa y descontento de la vuestra propia, sino para que perdáis la paz y contento que habíades de tener en vuestro estado, esperando y deseando lo que no puede ser ni es posible alcanzarlo. No os fiéis de nada, mirad cuán fácilmente podéis engañaros aunque vengan revelaciones e inspiraciones; no os arrojéis, que todo espíritu ha de ser probado; éstos son ladrones y luz falsa, que es peor que tinieblas.

Hay algunos ladrones que están vestidos y ataviados con sayos de seda, que no hay quien los conozca ni piense que tal maldad caiga en hombres que parecen tan honrados, hasta que los toman con el hurto en las manos; entonces se espantan cómo aquéllos eran ladrones, y dicen: «¿Quién pensara tal?» Dejábante el ánima robada, y no lo sentías; llevábante toda tu hacienda, y no la echabas menos.

Antes de mí todos son ladrones[13]. Hieremías: *Si fueres in nocte rapuissent.* Los robadores corporales, cuando vienen a robar, llévante alguna cosa de tu hacienda, y déjante algo, o lo que no pueden llevar, o lo que se les olvida; pero los ladrones que son espirituales, estos que vienen, ahora sea de día, ora sea de noche, o disimulados, róbante cuanto tienes, róbante tu hacienda y todo tu bien. Sano quedó el cuerpo, pero muy echado a perder tu corazón y tu ánima. Escudriñado te han toda tu casa, todos tus rincones y senos; no te queda bien alguno, todo te lo llevan, y te dejan lleno de todos los males. Hecho han estrago en ti tus enemigos, herido te han los soldados, hecho en ti como el lobo en las ovejas; pobre quedas. Si algo queda en ti es la fe, y ésta descabezada, porque no la tienes con caridad, sino muerta.

—¿Quién remediará esto? ¿Quién remediará tantos males? —No hay vida sin Jesucristo. Todo mata, todo engaña sin Él. ¿Quién podrá dar vida a estas ánimas que están muertas?

---

[13] Cf. *Io.* X, 8.

—¿En qué veré, padre, que estoy muerto? —Por la vida que hace tu ánima; cuando está viva, ama, conoce y emplea todas sus fuerzas en servicio de Dios. Tres maneras hay de muerte: muerte de olvido, muerte de error, muerte de pasiones. El ánima que a Dios no ama, muerta está su voluntad, entendimiento y memoria; muerta está, y no hace cosa que buena sea.

Dice Jesucristo: *Yo vine para que tengan vida, y abundantemente la tengan*[14]. Vino Jesucristo para que viviésemos. ¡Bendito sea Él para siempre, pues con su muerte compró Él nuestra vida! Vino el alto y poderoso y abajóse y juntóse con el niño[15]. ¿Qué cosa es ver a Jesucristo en una cruz, tenido por malo, deshonrado y atormentado, afrentado? Tal cual está en la cruz, tal está tu ánima. Él es allí tenido por malo, tu ánima está mala y enferma; feo con los tormentos, así está tu ánima, fea y manchada con las culpas; Él está cercado de sayones y ladrones, así está tu ánima, cercada de pecados y demonios.

Bendito y glorificado seáis vos, Señor, que tan a vuestra costa me quisistes remediar, que, tomando semejanza de mi muerte, me distes la vida. ¡Que pecasen mis manos y lo pagasen las manos de Jesucristo! ¡Que anden mis pies pecando y que estén los vuestros enclavados en la cruz! ¡Que peque mi corazón y os ofenda, y que esté el vuestro abierto y rasgado por mí! Finalmente, todo lo que mis manos, pies y corazón pecaron y cometieron contra Dios, las manos, pies y corazón enclavados y rotos por mí

---

[14] Cf. *Io.* X, 10.
[15] Cf. *4 Reg.* IV, 34.

lo pagaron en la cruz; con su cuerpo bendito pagó todo lo que, como malo, yo pequé y ofendí.

Crió Dios el primer hombre y soplóle en el rostro, dióle resuello y espíritu de vida, y vivió. *Et factus est primus Adam in animam viventem, novissimus Adam in spiritum vivificantem*[16]. Fue hecho el segundo Adán, *Jesucristo;* y no solamente le dieron y tuvo espíritu para sí como [e]l primer Adán, pero tuvo para otros muchos. Tiene Cristo *espíritu vivificador*, espíritu que da vida, que resucita a los que deseamos vida. Vamos a Cristo, busquemos a Cristo, que Él tiene resuello de vida. Por malo que estés, por perdido, por desconcertado que seas, si a Él vas, si a Él buscas, te hará bueno, te ganará y enderezará y sanará: *Los que antes de mí vinieron, ladrones son*[17]. *Para eso vine yo, para que* los que vinieren a mí, los que me buscaren, los que me llamaren, *tengan vida*, reciban vida y resuciten.

—Padre, ¿cómo da vida Jesucristo? —Dijo Él mismo: *En verdad, en verdad os digo: Yo soy la puerta; el que no entrare por mí, robador es. Yo soy la puerta.* —Si Jesucristo es la puerta, luego no se puede entrar al Padre sino por Jesucristo. *Ego sum ostium: si quis per me introierit, salvabitur; et ingredietur, et egredietur, et pascua inveniet. Yo soy la puerta: si alguno por mí entrare será salvo, y entrará y saldrá, y hallará pasto*[18].

—Si es puerta Jesucristo, ¿adónde hemos de entrar por Él? —¿Adónde? Al Espíritu Santo. *Yo soy*

---

[16] Cf. *I Cor.* XV, 45.

[17] *Io.* X, 8.

[18] Cf. *Io.* X, 9.

puerta: quien por mí entrare hallará Espíritu Santo. *Lex enim spiritus vitae in Christo Iesu*[19]. La Ley tiene espíritu de vida en Jesucristo. Así como lo plantó Dios en Adán: quedó vivo, quedó con espíritu; así plantó en ti Jesucristo su Espíritu vivificador; darte ha vida. Así conviene que se ponga el gran Eliseo sobre el niño pequeño y defunto, que se encorva y abaja sobre él, que le quiere dar su resuello, su soplo. El que no tiene *el resuello de Cristo,* por muy rico que esté, por muy poderoso, por mucha abundancia que tenga de todas las otras cosas, pobre está, flaco está, miserable está, no tiene a Cristo. Vid y sarmientos con un jugo se mantienen; cabeza y cuerpo con una virtud se sustentan; el Espíritu de Cristo y de los que en Él están incorporados, todo es uno. *Él es la Vid, y sus miembros son los sarmientos*[20]. *Yo soy puerta:* quien quisiere al Espíritu Santo, entre por mí.

—¿Cómo entraremos? ¿Adónde está esa puerta? —¿Aún no sabéis la puerta? ¡Qué puerta y qué bien pintada! ¡Qué piedras tan labradas y tan picadas tiene! La piedra de arriba más labores y más picada está que todas aquéllas. Jesucristo y todos sus siervos fueron así labrados con trabajos y persecuciones de este mundo, y así merecieron lugar con Cristo.

—Si Él es la puerta, ¿cómo entraremos por Él? —Quien quisiere al Espíritu Santo, ame a Jesucristo, obedézcale, deséele para siempre. *Ipse Pater amat vos, quia vos me amastis*[21]. ¿Montas que es pe-

---

[19] *Rom.* VIII, 2.

[20] Cf. *Io.* XV, 5.

[21] Cf. *Io.* XVI, 27.

queña cosa quereros bien el Padre? No hay cadenas mayores para tener al Espíritu Santo que amar a Jesucristo. *Y porque me amáis a mí* —dice Jesucristo—, *el Padre os ama a vosotros,* y porque me quisistes bien. ¡Buen trueco, por cierto, el que Dios hace con el que ama y quiere bien a Jesucristo, que es darle el Espíritu Santo! Y, porque los apóstoles amaron tanto a Jesucristo, sóplanles hoy, danles el Espíritu Santo. Mejor soplo fue éste que aquel que dieron al primer hombre cuando lo criaron. Estaban los apóstoles como hombres cobardes y flacos, y sopló Dios desde el cielo hoy. Y así como crió a Adán del limo de la tierra, así regeneró a estos apóstoles bajuelos, llorosos, turbados, temerosos. Piensa en Jesucristo, obedécele, ámalo con todo tu corazón entrañablemente, que por ahí entra el Espíritu Santo; que así lo dijo: *Ego sum via, veritas et vita*[22].

Por Cristo pasamos al Espíritu Santo. La santidad que no pasa por Jesucristo, no es ni la tengo por segura santidad. El que hace burla de las penitencias, el que tiene en poco estas señales y obras de fuera devotas, no tiene el Espíritu Santo. ¿De dónde espíritus falsos? ¿De dónde espíritus de errores? De pensar que hay otro modo de santidad que la de Jesucristo. Mirad bien no os engañéis, que para que algo sea santo, sea bueno y tenga firmeza, por allí ha de ir; y si por allí no va, todo es nada; Él es el *camino*.

Pues venido el Espíritu Santo, ¿qué ha hecho en la Iglesia? ¿Qué ha obrado en los corazones de los creyentes en quien vino? Dióles vida, dióles infinitos dones, esforzólos, en gran manera los perficionó.

---

[22] *Io.* XIV, 6.

En gracia se estaban los bienaventurados apóstoles, pero aun estaban llenos de flaquezas, no osaban públicamente confesar la verdad de Jesucristo, tenían algún temor; mas venido este santo soplo del Espíritu Santo, llenos de gracia y hechos fuertes, sin temor ninguno empiezan a predicar a los hombres los misterios de nuestra redención, obrados por la muerte y sagrada resurrección de Jesucristo, verdadero Dios y verdadero hombre. Imprimióles que siempre en su corazón se acordasen y tuviesen reverencia a Dios, como principio de donde manaron todos los bienes y misericordias.

Decid, casados, ¿terníades envidia de alguno que tuviese tantas fuerzas, que tomase un quintal de plomo y lo arrojase hasta el cielo, una barra de hierro y la pusiese encima de los cielos? Andáis desconsolados y tristes, pudiendo sacar, de la pesadumbre de vuestros trabajos que tenéis, descansos para el cielo. Tened paciencia en los trabajos de vuestro matrimonio y convertidlo todo en bien, subildo todo al cielo; tened fuerza para arrojar esos quintales de plomo encima de los cielos. Cualquier trabajuelo que tengáis y paséis en vuestra casa, cualquier importunidad, cualquier desabrimiento, la mala condición que sufriéredes de vuestra mujer, o de vuestro marido, o de vuestro señor, o de los que están en vuestra compañía, el trabajo que pasáis para sustentaros a vos y a vuestros hijos, decid: «¡Por amor de vos, Señor, huelgo de pasar esto!» Alzá vuestros ojos y vuestro corazón a Dios, encomendaos a Él, ofrecedle vuestros trabajos, que yo os digo de verdad que recibiréis por todo galardón. El dormir que dormís, el comer que coméis y lo que bebéis, todo lo subid y enviad al cielo, haciéndolo y sufriéndolo por Dios, y encomendándoselo a Él, y ofreciéndoselo a Él, allá lo arrojáis. Hacedlo así, y de esta manera lo pesado será liviano; el plomo, la tierra, subiréis al cielo. Y de esta manera, posible es que ganéis más en un año solo que otro en diez. Que lo hace esto al amor con que lo hacéis y el saberlo encaminar al fin como se ha de hacer; porque os pusieron en todo lo que hiciésedes memoria de Dios y reverencia a su santa presencia.

«Es el Espíritu Santo un despertador —dice Cristo— que os enviará el Padre; y llámase *Paracletus,* Consolador y Exhortador[23]. Consolador, porque, aunque riña algunas veces, no se va sin dejar consuelo en el ánima que reprehende. Suele algunas veces este Consolador reprehender y reñir a las ánimas, como diciendo: «¿En qué entiendes? ¿Qué haces? ¿Por qué te descuidas? Cata que va mal eso, mira que conviene hacer tal cosa primero de ésa, dejar tal compañía, procurar la otra, comunicar con tales personas. Mira que se pasa la vida; haz el bien que pudieres, las limosnas que pudieres; pon por obra lo que se te ha enseñado. No se vaya la vida tan sólo en buenos deseos y pensamientos, y ninguna obra. Mira que se pasa la vida, y no sabes si te llamará Dios nuestro Señor en medio de tu mocedad. Cata no te halles burlado»; y así otras cosas de esta manera. Si de esta riña y exhortación quedó vuestra ánima alborotada y desconsolada y con temores, no era aquello Espíritu Santo. No riñe sino para consolar; no riñe sino para que se enmienden y queden

---

alegres con los avisos. Si después de la riña, después de aquella confusión y lágrimas y vergüenza que tenéis de haber obrado contra el Señor, quedáis alegres, con confianza en el Señor, que no os ha de desamparar, que os ha de ayudar a ser mejor y os enmendará, esto tal del Espíritu Santo es; el Consolador ha entrado en vuestro corazón: Él os ha reñido, Él os quiere consolar; así lo suele hacer, dar tranquilidad después de los torbellinos y amor después del temor. El Despertador, el Exhortador, el Consolador, el Enseñador, todo lo que se hobiere de hacer, Él te enseñará a regir y guiar tu nao. El hará que, contra todos los vientos, con su solo consejo e industria llegues a puerto seguro.

¿De dónde nació que los creyentes, al principio de la Iglesia, no podían sufrir hacienda, ni posesiones, ni dinero, ni nada de lo que ganado tenían? Vendían cuanto tenían, tomaban los dineros y daban con ellos a los pies de los apóstoles[24]. «Tomá ese estiércol.» El grande amor que tenían en sus corazones y entrañas a Jesucristo y a su santa pobreza, les hacía menospreciar todo lo visible. —¿Quién les pagó este amor? —¿Quién? El Espíritu Santo, que abundosamente había venido a sus corazones. —¿Quién trocó la condición a fulano? ¿Quién le dio tanta paciencia? Que solía ser muy airado, no había quien se pudiese valer con él; agora es un San Jerónimo, tiene un corazón de un ángel, a todo calla, todo lo sufre y disimula. —El Espíritu Santo es el que hace todas estas cosas y más, que el ánima donde mora, la esfuerza y consuela, y hácele innu-

---

[24] Cf. *Act.* IV, 34.

merables bienes y misericordias. Todo viene de arriba; de allá deciende; no hay acá en la tierra poder que tal pueda hacer; no hay quien vuelva los corazones. Por fuerte que sea tu carne para mal, más fuerte es el Espíritu Santo para el bien; por sano que estés, te hace enfermo; por florido que estés, te marchita; y por bravo que seas, te amansa; y por alto que seas, te derriba, y mata en ti y destierra todo lo que hay fuera y en contrario de Dios; y cría, augmenta y resucita todo aquello que agrada a Dios. ¡Qué diligencia te pone para buscar en qué agradar a Dios, qué amor a los prójimos, que así se duele de sus trabajos y necesidades como de las suyas propias y más! Date pies ligeros como de ciervo para correr por el camino del Señor.

¿Quién podrá decir los misterios, las maravillas, las mudanzas que hizo este Espíritu Santo, este Consolador y exhortador en la primitiva Iglesia? Muchos testigos podríamos traer de aquel tiempo; mas pues tenemos cerca otros, tomemos lo que tenemos entre manos. ¿Quién ha hecho que muchos desprecien el mundo, tengan en poco los vestidos, los ornatos, los placeres, fiestas, pompas y regocijos profanos; que no quieran ver ni oír cosa del mundo, juegos de cañas, justas ni torneos; no quieran ser vistos, no quieran ver, que ni aun ir a lo forzoso, si fuese posible, no irán, por no ir por las calles y encontrar algo que los inquietase su ánima, aunque no fuese sino por un momento? Dejan estos siervos de Jesucristo los placeres, y van a buscar trabajos; van a hacerse esclavos, de libres; ¿es menester buscar libros para esto?

El Espíritu Santo lo muestra; enseñanza suya es; quieren huir lo de acá, por verse con Jesucristo; más quieren allí llorar y gemir que reír en el mundo. Esto no puede hacer la carne y sangre, no tiene fuerza para ello; si no, rogáselo a alguna dama: no lo hará, que no lo puede esto la sangre, y porque traimiento y gracia del Espíritu Santo es; y a Cristo los envía el Espíritu Santo. ¿Quién hace estas maravillas? Si viéredes alguno que haga esto, no le miréis tanto a lo que hace como al corazón con que lo hace. Porque cierto es que más dejaría si más tuviese; y no le pesa de lo que deja, sino porque no tiene mucho que dejar por amor a Jesucristo; mil mundos que tuviese los dejaría por venir a los pies de Cristo. Más quiere agradarle a Él y servirlo que ser señor de toda la redondez de toda la tierra.

Pues ¿por qué hace esto? ¿Por qué escoge este estado? ¿Por qué se quiere encerrar? Esto no lo puede decir sino el testigo de vista. Es tan grande el cuidado del siervo de Dios que quiere agradar a Dios, del que quiere guardarse en toda limpieza, que de lo seguro no se asegura; aun lo bueno tiene por sospechoso. No es malo ser casado y tener casa; pero, porque no se sabe si aquello que ahora es bueno, adelante será tropiezo de descuidado, se toma por más seguro estotro. ¿Qué sabe si entre los bullicios de marido, casa y familia se ahogará? Como cuando a uno le dicen: —Entrá en este río, que aquí a la orilla no está hondo, no os podéis ahogar. —No quiero —dice—, porque si meto los pies en el agua, no sé si metidos me dará gana de entrar más, y luego más, y daré conmigo en lo más hondo, de donde no pueda salir y me ahogue. Más quiero no comenzar a entrar, porque quizá después no será en mi mano salir cuando quisiere.

—¿Por qué quiso este estado? —Mostráronle la sangre de Jesucristo, mostráronle los trabajos de Cristo, diéronle a entender lo mucho que Jesucristo ha hecho por él, lo mucho que le ama, lo mucho que debe ser amado y servido, y por eso quiso Él tomar este estado —¿Quién lo hizo? ¿Quién lo ordenó? —Dios; no la sangre ni la carne. No hay en sangre ni en carne fuerzas para este bien. —¿Quién lo ordenó? —No lo sé yo, Él lo sabe.

Mandaba Dios que le ofreciesen primicias en la vieja Ley: *Afferentur virgines post eam*[25]. Fue tanto lo que agradó a Dios la limpieza de la Virgen nuestra Señora, que en aquel verso prometía Jesucristo que serán a imitación de nuestra Señora. Crecían muchas doncellas, que se ofrecían a este Rey celestial Jesucristo, y de muy buena gana perdían todo lo que en el mundo florece, y escogían a Él, y estaban más contentas con tenerlo a Él que con ser esposas de reyes y príncipes de la tierra. «Las primicias —dice San Cipriano—, las vírgenes son, la porción más entera que hay en el cielo; porque tiene entereza en el cuerpo y entereza en el alma; tiene figura acá de qué hemos de ser y de cómo hemos de estar en el cielo; hemos de entrar allá incorruptibles, enteros en ánima y cuerpo; así lo están las vírgenes acá viviendo en la tierra, y *no viven en carne según carne*[26]. Estas son las más excelentes moradas que Dios tiene entre los hombres; aquí se huelga en los corazones enteros, apartados de corrupción y man-

---

[25] Cf. *Ps.* XLIV, 15.

[26] San Cipriano, *De habitu virginum*, III, 22-23: ML, IV, 455, 474-476.

cha. Dice San Jerónimo «que el que en la carne guarda la virginidad y limpieza, viviendo en ella, que es más que ángel; porque el uno, que es el ángel, hace y obra por don natural; el otro, por gracia. Vírgenes son, y esa virtud tienen; llámenlos ángeles, pues que guardan, en la carne flaca y corruptible, por el don de la gracia, la naturaleza de los ángeles»[27].

Esta dignidad y estado no se ha de escoger por no poder más; no ha de ser sino por amor de Jesucristo, con sólo deseo de le agradar y servir. Aquélla es la buena, la que por esto lo toma, y la que en la mitad de la vanidad huella el mundo y menosprecia sus favores. Aquél es siervo y sierva de Dios que vuelve las espaldas al mundo en tiempo que lo pudiera gozar en la mocedad, en tiempo que había aparejo y disposición para ello. Éstas son las primicias y espigas tostadas. —¿Quién os ha parado así? —*El sol me ha descolorido*[28]; el amor del sol me tiene tal; soy espiga tostada, dentro soy hermosa, y fuera tostada y denegrida, por los amores de Jesucristo». No se gloríen las hermosas de su hermosura si solamente la tienen en lo de fuera, porque de fuera parecen hermosas, y dentro hechas infiernos. Esposas de Cristo, no os escandalicéis, que, si lindezas perdistes por amor de Cristo, lindezas os darán. Todo lo que dejastes por Cristo, todo se os volverá en mayor abundancia que lo dejastes. Alegraos en esto, y decid cuando os viéredes angustiadas con la memoria de lo que dejastes: «Si algo, Señor, por vos dejé,

---

[27] Cf. SAN JERÓNIMO, *Comm. in Is.*, 1, 16, c. 59; L, XXIV, 597.
[28] *Cant.* 1, 5.

todo es poco, porque más y más merecéis, y más soy obligado a hacer».

Dice San Pablo *ad Hebraeos: Si enim sanguis hircorum et taurorum, et cinis vitulae aspersus inquinatos sanctificat ad emundationem carnis, quanto magis sanguis Christi, que per Spiritum Sanctum semetipsum obtulit inmaculatum Deo, emundabit, etc.*[29] *Si la sangre de los cabrones, y de los toros, y la ceniza de la becerra derramada, a los sucios santifica para la limpieza de la carne, ¿cuánto más la sangre de Cristo, el cual por el Espíritu Santo a sí mismo se ofreció limpio a Dios, santificó nuestras conciencias de las obras muertas para servir a Dios?* ¿Qué tiene esta bendita sangre? ¿Ésta, que alimpia nuestras manchas, lava nuestros delitos? ¡Quién preguntara a Jesucristo!: «¿Quién os trae, Señor, a padecer tanto? ¿Quien mueve ese Corazón para que sufra tanto?» —La sangre de Cristo, *que fue derramada por el Espíritu Santo;* el Espíritu fue el que le hizo y le movió que de tan buena gana la derramase. Él es el que le decía: «Si no morís, no entrará nadie en el cielo; morí; si no, nadie se salvará».

No os espantéis que el Espíritu Santo os haya traído hoy a poneros en cruz; que ese mismo hizo otra mayor obra, que renunciase Cristo sus placeres, que fuese obediente, pobre, desechado. Quien hizo a Jesucristo que se pusiese en una cruz, ése hizo a vuestro corazón que, dejados y olvidados todos los placeres, sigáis a Cristo. No os arrepintáis, no os desmayéis por cosa que os acontezca; porque há-

---

[29] *Hebr.* IX, 13-14.

84

goos saber que, mientras vuestra obra es mayor, tanto mayores tentaciones os traerá el demonio. El monesterio os parecerá infierno, y el coro plaza, y la celda cárcel, y las misas tormentos, y que coméis poco, y que os tratan mal. Diréis entre vos: «Esto tenía en el mundo, mucho dejé; bien me pudiera salvar teniendo y gozando de todo aquello». Infinitas tentaciones os vendrán para dar con vos en el suelo; estad apercibida. Dios os dé a entender cuán poco es lo que dejáis y cuán mucho lo que os darán. No os engañe el mundo, doncella, que, debajo de aquellos placeres, ¡qué de congojas, y desabrimientos, y dolores y cuidados! Que quien bien considera, dirá que es bienaventurado quien de ellos está libre. Déoslo Dios a entender, para que claro veáis que no es pérdida, sino ganancia; no es engaño, sino acertar lo que hacéis.

¿No pedía David para escapar de estos peligros: *Averte oculos meos, ne videant*, etcétera: *Aparta, Señor, mis ojos, no vean la vanidad?*[30]. Quiso decir que no se empleasen en ver vanidades los ojos que habían de ver a Dios. Lo que mucho amamos, guardámoslo bien. Quítense vuestros ojos de ver vanidades, pues esperan de ver a Dios; que no podréis ver a Dios con los ojos que ven vanidades. Echad vuestros pies en el cepo de la clausura, y vuestro cuello debajo del yugo de la obediencia; haceos captivos por Cristo, y aherrojaos por su amor, y tened fuerte; que más anchura hallaréis que en todo el mundo. ¿Qué os aprovecha anchura, si vuestra ánima está en estrechura? Sufrid de buena gana y fielmente los

---

[30] *Ps.* CXVIII, 37.

trabajos que por agradarle a Él os vinieren, que Él os lo pagará y os dará a entender mil bienes que de hacerlo así sacaréis. ¡Ay del que tal corazón no tiene!

No tengamos mancilla que dejéis dineros, padre, hermanos, casas y placeres por Dios; hacerlo así es honra sobre toda honra. Más querría, si me diesen a escoger, y más valen los trabajos de San Pablo y afrentas que en este mundo por Jesucristo padeció, que sus consolaciones y revelaciones. ¡Bienaventurada doncella, que dejastes tierra porque os den el cielo, perdéis por más ganar! ¿Qué diremos? Entráis a servir y serviros ha Él a vos. Echad vuestros pies en el cepo y poned vuestros pies sobre el collar de oro; aunque estén vuestros pies en trabajos y pasiones, alzad vuestros ojos a la honra que os está aparejada; mirad vuestra corona, mirad vuestro galardón.

En la *Vida* de los Padres se cuenta que vido un monje una procesión de santos, y traían algunos unos collares muy hermosos de oro a los cuellos; y fuéle dicho que aquella honra de aquellos collares tenían aquéllos porque abajaron sus cervices en este mundo al yugo de la obediencia. Obedeced, doncella, abajaos, servid, barred, haced todo cuanto pudiéredes. Cuanto más trabajo tuviéredes acá, tanto más rico y más honrado será vuestro collar en el cielo. Perded aquí y ganaréis acullá. Si aquí pasáredes soledad, seréis después compañera de los que gozaren de Dios; si cerráredes vuestros ojos aquí, en el cielo verán a Dios; si trabajáis aquí, acullá descansaréis en la gloria para siempre.

CUARTO SERMÓN

Domingo de Pentecostés

Paracletus autem Spiritus Sanctus. El espíritu
Santo Consolador *(Io.* XIV, [62]).

*Quien de tierra es, de tierra habla; el que viene
del cielo, sobre todos es,* dijo San Juan Baptista a
sus discípulos[1]. Tocóles un poco de envidia, porque
la gente seguía más a Jesucristo que a él; y para los
apaciguar, díjoles estas palabras: «Ninguno puede
tomar más de lo que del cielo le viene, de lo que del
cielo le envían. *Qui de terra est,* etcétera. *Tierra es
el que de tierra habla».*

¿Qué hará la tierra, pues le está mandado subir al
cielo? ¿Qué hará? ¿Cómo podrá subir? ¿Qué hará el
hombre que le está mandado que hable cosas del
cielo? Cosa es ésta imposible, cosa que de sí no la
podía hacer, cosa tan imposible como la tierra subir
al cielo. *Qui de terra est, de terra loquitur.* Si hubiésemos de hablar de cosas bajas, si hubiésemos de

---

[1] Cf. *Io.* III, 31

hablar de cosas de acá abajo, daríamos buenas señas; pero hablar del Espíritu Santo, hablar de cosa tan alta, hablar de cosas del cielo, ¿qué haremos, que somos más bajos que la misma tierra? ¿Qué haremos para bien hablar? Es menester mucho la gracia del Espíritu Santo. No en balde fue dada a los apóstoles para hablar; *Audivimus eos loquentes variis linguis magnalia Dei*[2].

Fueron los bienaventurados apóstoles llenos, y muy llenos, del fuego del Espíritu Santo; fueron llenos de esta celestial gracia, para dar a entender que nadie debe hablar ni predicar de este Santo Espíritu sino lleno, y muy lleno, de este celestial don y de este santo fuego. Encendidas iban las entrañas, y llenas de gracia, que nuestro Señor envió a sus santos apóstoles, pues hablaron las maravillas y grandezas que de Dios hablaron y dijeron, y por todo el mundo pregonaron. Vino en lenguas de fuego para darnos a entender que han de ser las lenguas de los que hablaren cosas de Dios y sus maravillas, encendidas con fuego, encendidas con amor. No han de ser las lenguas que han de hablar cosas de Dios y sus maravillas, de agua, no de viento, no han de ser de tierra.

Venimos a oír las palabras de Dios, venimos a oír sus sermones, y venimos como a farsa, sin más amor y reverencia. Dígoos de verdad que un grande riesgo corremos todos los que oímos sermones; gran peligro corremos si no oímos como debemos oír; con corazón encendido, con entrañas abrasadas habíamos de venirlo a oír. Hémonos juntado a oír y

____

² Cf. *Act.* II, 11

hablar del Espíritu Santo; para tan gran negocio menester hemos la gracia, menester hemos el mismo Espíritu santo, que se infunda en nuestros corazones y los ablande y abrase con su santo fuego de sus divinos dones. Dice San Pablo *que el Espíritu Santo ruega por nosotros con gemidos inenarrables*[3]. La oración que no es inspirada del Espíritu Santo, poco vale; la que no se hace según Él, la que no inspira y ordena Él, de muy poco fruto es, poco aprovecha.

Dijo Cristo a sus apóstoles: *Tristes estáis porque me quiero ir: el Consolador vendrá, que el Padre lo enviará en mi nombre, y Él os consolará, Él os enseñará todas las cosas, Él os traerá a la memoria todo lo que yo os he dicho*[4]. *Él abrirá vuestros oídos para que oigáis y vuestro entendimiento para que entendáis; enseñaros ha a orar y enseñaros ha todo lo que hubiéredes de hacer, para que en todo acertéis*. En gran manera estamos necesitados de este Consolador, de este Doctor, de este Consejero y de este Enseñador.

—¿Qué remedio? —Que nos vamos a la sacratísima Virgen. En gran manera es muy amiga del Espíritu Santo, y Él de ella. En sus entrañas el incomprehensible cupo; su alteza, su grandeza abajó, e hízose temporal siendo eterno, y el rico se hizo pobre y el muy alto se abajó; y esto todo por obra del Espíritu Santo, por industria, orden y saber suyo. Dijo el ángel San Gabriel a la Virgen: *Spiritus Sanctus superveniet in te. El Espíritu Santo, Señora, ven-*

---

[3] *Rom.* VIII, 26.

[4] Cf. *Io.* XVI, 6, 13; XIV, 26.

*drá sobre vos, y la virtud del muy Alto os hará som-
bra*[5]. Conoce muy bien el Espíritu Santo las entrañas de la Virgen; conoce muy bien aquel su corazón
tan limpísimo, conoce muy bien aquel palacio
donde tantos y tan grandes misterios obró. No hizo
la Virgen, ni pensó, ni habló cosas que en un solo
punto desagradase al Espíritu Santo; en todo le
agradó, en todo hizo su santa voluntad; por ruegos
de esta gloriosa Virgen, por gemidos y deseos y oraciones trajo al Verbo Eterno y lo metió en sus entrañas. Supliquémosla, pues tan amiga es de este Santo
Espíritu, nos comunique su gracia para hablar de tan
alto Huésped.

Si Spiritum Sanctum accepistis credentes?[6]. *Si re-
cebistes al Espíritu Santo por la fe, creyendo*, dijo
una vez San Pablo a unos. ¿Habéis recebido al Espíritu Santo? ¿Tenéislo en vuestras entrañas? ¡Bienaventurada el ánima que tal ha recebido; bienaventurado el que tal Huésped ha recebido, creyendo: que
por fe se da! Respondieron: *Ni sabemos si lo hay,*
cuanto más haberlo recebido. No se lo habían dado;
y aun quizá habrá aquí quien no lo sepa. ¡Oh si dijé-
sedes verdad! ¿Habéislo recebido? ¿Amáislo? ¿Habéislo servido? ¿Deseáislo? ¿Tenéis gran deseo que
se infunda en vuestros corazones? Ni aun sabéis si
lo hay. No aprovecha nada que lo deseéis; no basta
que digáis que venga, que lo queréis recebir; todo
no aprovecha si no hay obras dignas y que merezcan
su venida. *Factis autem negant*[7]. Las obras han de

---

[5] *Lc.* I, 35.
[6] *Act.* XIX, 2.
[7] *Tit.* I, 16.

convenir con las palabras y con los deseos, para que
este tan gran Huésped quiera venir y aposentarse en
vuestra ánima.

¡Tiene tantos de predicadores el Espíritu Santo,
tantos de profetas que de Él hablaron antes que el
sol fuese criado! Dice la Escritura que el Espíritu
del Señor era traído sobre las aguas: *Et spiritus Domini ferebatur super aquas*[8]. Los profetas todos vieron y contaron grandes secretos y misterios de este
Santo Espíritu. Entre todos y más que todos dio tales señales Jesucristo nuestro Señor de Él, y dijo tales cosas de Él, que estaban todos espantados de oír
las maravillas que de Él dijo. Dijo Jesucristo a sus
apóstoles: *No tengáis pena, no estéis penados porque me voy*[9].

—Antes, Señor, por eso están penados. ¿Qué
nuevos amores, Señor, son éstos? ¿Qué nuevas maneras de tratar con los que os aman? Vaisos, y ámanos más que a la lumbre de sus ojos; queréisos ir, ¿y
para consuelo de vuestra ida, decisles: *No tengáis
pena porque me voy?* Antes por eso la tienen, y es la
causa de toda su pena y de todo su desconsuelo pensar, Señor, que os habéis de ir.

—Nadie puede entender esto ni alcanzarlo sino
quien tuviere Espíritu Santo. «Consolados habéis
estado conmigo; alegres habéis estado con mi presencia, enseñados con mi doctrina, fuertes con mi
presencia. *Yo me voy, y rogaré a mi Padre que os envíe otro Consolador en mi nombre*[10]. Hasta aquí yo

---

[8] Cf. *Gen.* I, 2.
[9] *Io.* XIV, 1, 27.
[10] Cf. *Io.* XIV, 16.

os he consolado; yo me iré, y yéndome yo, os enviaré otro Consolador, otra persona.» —¡Oh poderoso Dios! ¿Quién es este Consolador que habéis de enviar? —Espíritu de verdad, que morará en vosotros, que os enseñará verdades, no opiniones, no engaños.

¡Bendígante, Señor, los cielos y la tierra! No se contentó Dios Padre con darnos a su muy amado y único Hijo nuestro Señor Jesucristo, y para que muriese por nosotros, sino a sí mesmo. Dijo Jesucristo: *Si quis diligit me, sermonem meum servabit, et Pater meus diliget eum, et ad eum veniemus, et mansionem apud eum faciemus* [11]. *El que ama guardará mis palabras, y mi Padre lo amará, y a él vendremos, y morada cerca de él haremos.*

Que estudie y rumie sus palabras y las cumpla y guarde; esto os da por señal y prenda de su amor. Y, hermano, decid, ¿cómo os va cuando oís la palabra de Cristo? ¿Holgáisos cuando os hablan de Él? ¿Alégraseos el corazón cuando le oís nombrar, cuando le predican, alaban y bendicen y glorifican en los púlpitos? Más os alegráis con invenciones, con novedades; esto oís de buena gana.

El que guardare mi palabra, éste me ama. —¿Cómo es eso? ¿Cómo tengo que guardar sus palabras? ¿Cómo le tengo de amar? —Habéislo de amar, y en esto mostraréis que verdaderamente le amáis, si por le amar olvidáredes y dejáredes todo cuanto os estorbare para lo amar y verdaderamente servir: *Si vuestro ojo derecho,* si la cosa que así la amáis como a vuestros ojos, *os escandalizare, si*

---

vuestra mano derecha, si cualquiera otra cosa que mucho la habéis menester os apartare de este santo propósito, *cortadla* [12].

—¡Cosa recia es ésa, padre! —Habéis de tener una navaja tan afilada, que aunque os pongan delante padre y madre, y hermanos, y parientes y amigos, y todo cuanto así se pudiere decir, si os aparta del amor de Jesucristo, cortadlo, no lo dejéis, holladlo, pasad sobre ello; que, aunque esto parece género de crueldad, es gran piedad[13]. Si por el dinero, o por la hacienda, o por el pariente o amigo, o por la deshonra o por la honra, o por el favor o arrimo, o por muerte, o por vida pecas, córtalo.

—¡Cosa recia! ¿Que no tengo de desear la mujer ajena? ¿Y que no solamente no tome la hacienda ajena, pero que tengo de dar la mía? ¿Y no solamente no tengo de hacer mal a nadie, pero hacer todo cuanto bien pudiere? Cosa recia y trabajosa es ésta; Señor, echá alguna azúcar; que trabajo y sudo por hacer esto, y apenas con todas mis fuerzas salgo con algo; poned algún consuelo, poned algún premio. —Pláceme. *Mi padre le amará;* mi Padre le querrá bien —dice Jesucristo—, y el galardón que por cumplir mis palabras y guardar mis mandamientos le dará (en esto se les pagarán sus trabajos), que el Eterno Padre pondrá sus ojos sobre él, *y a él ver-*

---

[12] Cf. *Mt.* V, 29; XVIII, 9.

[13] Cf. SAN JERÓNIMO, *Ep.* XIV, *ad Heliodorum.* II (ML XXII, 348): «Licet parvulus ex collo pendeat nepos, licet sparso crine et scissis vestibus, ubera, quibus te nutrierat, mater ostendat, licet in limine pater iaceat; per calcatum perge patrem, siccis oculis ad vexillum crucis evola. Solum pietatis genus est, in hac re esse crudelem».

nemos y morada cerca de él haremos[14]. No será la venida de pasada, pues ha de pararse a hacer morada y mansión.

¿Quién podrá pasar por esta palabra sin dar bendiciones y alabanzas al Padre y al Hijo y al Espíritu Santo, que verná el Padre y el Hijo y háran habitación en él? ¿Queréis más? ¿Estáis contentos? ¿Andaréis ya echando mano de las sombras, buscando dineros, buscando honras, deseando subir y valer, y buscar oficios? ¿Queréis más? Dice San Bernardo: «¡Oh endurecidos corazones, a quien tal cuchillo no corta, y tal fuego no enciende, y tal bondad no mueve, y amansa y ablanda!»[15]. Viniendo el Hijo y el Padre, también el Espíritu Santo. No te llames huérfano de aquí adelante porque el mundo no te hace honra, porque el mundo no te favorece, porque no tienes prosperidades y riquezas de acá.

—¿Quédate más, Señor, quédate más que dar? —*Yo rogaré al Padre, y enviaros ha otro Consolador*[16].

La cosa que más me espanta. Estaban los discípulos esperando este Consolador; deseábanlo tanto, que no se puede decir quién era este Consolador o qué tal era, que antes que viniese estaban los apóstoles enamorados de El y tanto deseaban que viniese para verle. *Yo rogaré al Padre, y enviaros ha otro Consolador.*

---

[14] *Io.* XIV, 23.

[15] SAN BERNARDO, *In fest. Pentec.*, serm. II, 8 (ML CLXXXIII, 330): «O duri, et indurati, et obdurati filii Adam, quos non emollit tanta benignitas, tanta flamma, tam ingens ardor amoris, tam vehemens amator, qui pro vilibus sarcinulis tam pretiosas merces expenditis».

[16] *Io.* XIV, 16.

—¿Qué decís, Señor? ¿Qué grandezas se os sueltan de esa boca? ¿Qué tal ha de ser el Consolador que viniendo consuele vuestra penosa ausencia; que consuele, y enseñe, y haga todo lo que vos hacéis?

—¿Podréis atinar y decir cuánto era el consuelo de Cristo con sus apóstoles, cuánta era el alegría que con su vista y presencia tenían? En solamente mirarlo se les quitaban cuantos trabajos tenían. No hay madre que tanto ame a sus hijos y tanto los regale, cuanto Jesucristo amaba y regalaba a sus apóstoles; no hay ave que tanto cuide de sus hijos y los defienda debajo de sus alas y los abrigue, como lo hacía Jesucristo con los suyos. Amábalos entrañablemente, hablaba con ellos, enseñábales, dábales mil consuelos, quitábales los desmayos, esforzábalos, hacíalos tantos bienes. Y amábanle ellos tanto a Él, que dejaron sus haciendas, sus caudales, las redes con que ganaban de comer, y los maridos a sus mujeres, y los hijos a los padres, y algunas mujeres a sus maridos. Érales tan amoroso, y su conversación tan apacible y tan llena de amor, que mil mundos que tuvieran dieran por gozar de Él una sola hora. ¡Qué asegurados, qué alegres, qué gozosos estaban con Cristo! Ricos y dichosos se pueden llamar, y sonlo, que con sus ojos veían a Jesucristo y con sus orejas oían sus santísimas palabras.

Díjoles Jesucristo el jueves de la cena: *Desconsolados estáis porque os he dicho que me quiero ir*[17]. Estaban estos bienaventurados tan contentos con Jesucristo, que les parecía que no era posible que viniese cosa a sus corazones, faltando Él, que los pu-

_____

[17] Cf. *Io.* XIV, 27-28.

diese consolar, que no había en el mundo persona que hinchese lo que con ausentárseles Cristo les quedaba vacío. Estaban abobados, embebidos en aquel santísimo cuerpo y presencia suya; no creían que podían ser consolados, ido Él de entre ellos. ¿Quién consolará a estos desconsolados? ¿Quién remediará tan gran pérdida? ¿Quién curará esta llaga que el ausencia de Cristo causó en los corazones de sus apóstoles? Gran llaga de amor fue ésta, necesidad tiene de gran remedio y cura.

—Si yo me fuere, otro Consolador vendrá que os consuele. (¿Qué Consolador puede venir, que no echen menos a Jesucristo? Díceles que se quiere ir, y para templar su pena y tristeza promételes que les enviará otro Consolador.) Y será tal, que no estéis penados por mi ida; otro consolador tan bueno como yo, otro que os consolará y regalará más que yo.

No otro sino Dios pudiera curar esta llaga; y éste es argumento muy grande para creer que el Espíritu Santo es Dios, porque, si fuera menos que Dios, no pudiera consolar y curar la llaga que Cristo había hecho con su ausencia. Jesucristo es Dios; si el Consolador que había de enviar fuera menos que Jesucristo, no fuera Dios, y así no pudiera curar la llaga de haberse ido Cristo. Luego claro está que, habiendo de ser Consolador como Cristo dijo, el cual había de consolar a los apóstoles de la pena que tenían porque Cristo se iba, había de ser también Dios como era Jesucristo, y poderoso para consolar como lo era Cristo. Cierto no bastará a henchir aquel seno sino el Espíritu Santo, que es también Dios como Jesucristo.

Por tanto, debéis estar muy consolados, porque, si le llamáis, os socorrerá en cualquier trabajo que tuviéredes. Y si decís vos: «Levantáronme un testimonio, no sé qué dijeron de mí, perdióseme la hacienda, fuése mi marido, tengo muchos trabajos y enfermedades, murióse mi padre, faltóme mi amigo, estoy desconsolado, tengo grandes tentaciones, hallo gran sequedad en mi corazón, no sé qué me tengo, siempre ando cercado de trabajos y en peligros de muerte», tened paciencia; no viváis desconsolados; no os dejéis caer, llamad a este Consolador, que consolaros ha y enseñaros ha; que pues bastó a henchir y sanar y consolar la deconsolación que causó Cristo a sus apóstoles, también os consolará a vosotros; que mayor pérdida y mayor desconsuelo fue aquél que cuantos vos podéis tener, por grandes y penosos que sean. Coteja tu desconsuelo y llaga con la de los apóstoles, y verás cómo el que aquélla curó y consoló siendo tan grande, tan bien y mejor consolará y curará las tuyas.

—¿Haos venido este Consolador? ¿Haos venido este Huésped? ¿Haos venido este buen día por vuestra casa?

—Padre, no sé qué me tengo; lo que mucho me alegraba de antes, ahora me enoja; las alegrías del mundo me entristecen, los placeres me dan pena; los juegos, los pasatiempos, las alegrías y todos los deleites del mundo me hieden; todo me da fastidio.

—Si ha venido este día por vos, si habéis recebido este sentimiento en vuestro corazón, si lo habéis recebido, sabedlo agradecer al Señor y sabedle dar gracias por ello. Quien en sí recibe este Huésped, quien recibe este Consolador, todo cuanto en el mundo florece y todo cuanto es tenido en algo de los mundanos hace menospreciar y tener en poco y en nada, todo da asco, todo harta, todo fastidia y da pena.

Sábele tú llamar a este Consolador, procúralo agradar y tener contento; porque quien tal Huésped tiene, no se debe descuidar en nada, porque tan gran Huésped gran cuidado requiere. Dile: «Señor, con vos sólo estoy contento, vos sólo bastáis a me hartar; sin vos no quiero a nadie, y con vos todo lo tengo; estad vos conmigo y fáltenme todos; consoladme vos y desconsuéleme todo el mundo; sed vos conmigo, y todo el resto contra mí».

—¿Dónde está la sabiduría? ¿Dónde la hallaremos? —En el pecho de Dios está. —Pues decid: Después que se fue, ¿quedamos huérfanos, quedamos solos, quedamos sin consejo, desarrimados? ¿Cómo quedamos? ¿Dejónos acá en su lugar a otro? Predíqueoslo el que lo sabe, por su misericordia, y déoslo Él a entender.

¡Oh mercedes grandes de Dios! ¡Oh maravillas grandes de Dios! ¡Quién os pudiese dar a entender lo que perdéis y también os diese a entender cuán presto lo podríades ganar! Gran mal y pérdida es no conocer tal pérdida, y muy mayor pudiéndola remediar, no la remediar. Quiérete Dios bien; quiérete hacer mercedes, quiérete enviar su Santo Espíritu; quiere henchirte de sus dones y gracias, y no sé por qué pierdes tal Huésped. ¿Por qué consientes tal? ¿Por qué lo dejas pasar? ¿Por qué no te quejas? ¿Por qué no das voces?

Mas ¿cómo la diremos a esta junta que el Espíritu Santo quiere hacer y hace con tu ánima? Encarnación no; pero es un grado que tanto junta el ánima con Dios y un casamiento tan junto y tan pacífico, que parece mucho encarnación, aunque por otra parte mucho diferencien. Porque la encarnación fue una tan altísima unión del Verbo divino con su santísima humanidad, que la subió a sí a unidad de persona; lo cual no es acá, sino unidad de gracia; y como allí se dice encarnación del Verbo, se dice acá *espirituación* del Espíritu Santo.

Así como Jesucristo predicaba, así ahora el Espíritu Santo predica; así como enseñaba, así el Espíritu Santo enseña; así como Cristo consolaba, así el Espíritu Santo consuela y alegra. ¿Qué pides? ¿Qué buscas? ¿Qué quieres más? ¡Que tengas tú dentro de ti un consejero, un ayo, un administrador, uno que te guíe, que te aconseje, que te esfuerce, que te encamine, que te acompañe en todo y por todo! Finalmente, si no pierdes la gracia, andará tan a tu lado, que nada puedas hacer, decir ni pensar, que no pase por su mano y santo consejo. Seráte amigo fiel y verdadero; jamás te dejará si tú no le dejas.

Así como Cristo, estando en esta vida mortal, obraba grandes sanidades y misericordias en los cuerpos de los que lo habían menester y lo llamaban, así este Maestro y Consolador obra estas obras espirituales en las ánimas donde Él mora y está en unión de gracia. Sana los cojos, hace oír los sordos, da vista a los ciegos, encamina a los errados, enseña a los ignorantes, consuela a los tristes, da esfuerzo a los flacos. Como Cristo andaba entre los hombres haciendo estas tan santas obras, y así como estas obras no las pudiera hacer si no fuera Dios, y hízolas en aquel hombre, y llamámoslas obras que hizo

Dios y hombre, así estotras que hace acá el Espíritu
Santo en el corazón donde mora, llamámoslas obras
del Espíritu Santo con el hombre como menos principal.

¿No se llama desdichado y malaventurado quien
no tiene esta unión, quien no tiene tal huésped en su
casa, quien no tiene tal consejero, quien no tiene tal
guía, tal arrimo, tal ayo y consolador y conserva-
dor? Y porque no le tenéis, andáis cuales andáis desconsolados, tristes, sin ánimo, llenos de amargura,
sin devoción, llenos de miserias. Decidme, ¿Habéislo recebido? ¿Habéislo llamado? ¿Habéisle im-
portunado que venga? ¿Cuántas lágrimas os cuesta?
¿Cuántos sospiros? ¿Cuántos ayunos? ¿Qué devociones habéis hecho? ¡Dios sea con vosotros! No sé
cómo tenéis paciencia ni cómo podéis vivir sin tanto
bien. Mirad, todos los bienes, todas las mercedes y
misericordias que Cristo vino a hacer a los hombres,
todas ésas hace este Consolador en nuestras ánimas;
predícate, sánate, cúrate, enséñate y hácete mil
cuentos de bienes.

¿No os ha acontecido tener vuestra ánima seca,
sin jugo, descontenta, llena de desmayos, atribu-
lada, desganada, y como que no le parece bien cosa
ninguna buena? Y estando así en este descontento, y
algunas veces bien descuidado, viene un airecico
santo, un soplo santo, un refresco que te da vida, te
esfuerza, te anima, y te hace volver en ti, y te da
nuevos deseos, amor vivo, muy grandes y santos
contentos, y te hace hablar palabras y hacer obras
que tú mismo te espantas. Eso es Espíritu Santo; eso
es Consolador, que en soplando que sopla, en viniendo que viene, os hallaréis tocado como de pie-

dra imán, y con alientos nuevos, y obras y palabras y deseos nuevos; que antes no hallábades tomo en cosa ninguna, todo os estorbaba, todo os enojaba; ahora en todo hallaréis sabor y mucho contento, en todo os alegráis, todo os enseña. Una hierbecita, que con atención miráis, os hace dar mil alabanzas a Dios nuestro Señor, y os da a conocer el Hacedor y Criador maravilloso de todas las cosas, y pone en vuestro corazón sentimientos devotos y agradecidos al Señor todopoderoso, y otras cosas; que si tuviésedes licencia para hablar, diríades maravillas y grandezas de lo que el Señor de todo lo criado da a conocer.

¡Oh alegre Consolador! ¡Oh soplo bienaventurado, que lleva las naos al cielo! Muy peligroso es este mar que navegamos; pero con este aire y con tal Piloto seguros iremos. ¡Cuántas naves van perdidas! ¡Cuántos contrarios vientos corren y grandes peligros! Mas en soplando este piadoso Consolador, las vuelve a puerto seguro. ¿Y quién podrá contar los bienes que nos hace y los males de que nos guarda? De allá sale el viento, y allá vuelve, al Padre y al Hijo; de allá lo espiran, y allá espira Él a sus amigos; allá los guía, allá los lleva, para allá los quiere.

Dijo Cristo a sus apóstoles: *Sentaos en la ciudad*[18].

—¿Pues para qué, Señor? ¿No iremos a predicar? ¿Qué hemos de hacer sentados? ¿Qué nos falta?

—Antes que venga este Consolador, antes que sople este viento de Espíritu Santo, estamos sentados, estamos pesados, pesará mucho nuestra ánima, todo se le hace dificultoso, todo le parece imposible,

---

[18] *Lc.* XXIV, 49.

no le parece que hay camino para el cielo, en todo halla estorbo y anda cargado con una arroba de plomo, ¡qué digo arroba!, como con cien quintales de plomo. ¿Cómo los huesos muertos han de tener vida? ¿Cómo, estando secos, han de cubrirse de carne y resucitar? Claro está que ellos de su parte, y solos por sí, que no podrán nada; pero Dios que todo lo puede, los puede cubrir de carne, y dalles espíritu de vida, y resucitarlos, y dalles movimiento y vida.

Llamó Dios al profeta Ezequiel y díjole: *Hijo de hombre, a tu parecer estos huesos que aquí ves, ¿Podrán tener vida* y ser cubiertos de carne y niervos? Respondió Ezequiel: *Señor,* eso que me preguntáis, *vos lo sabéis.* Dijo Dios: *Diles así: «Huesos secos, yo echaré sobre vosotros espíritu de vida, y os cubriré de niervos, y haré crecer carne sobre vosotros, y os daré vida, y sabréis que yo soy el Señor»*[19].

Hueso seco, duro y sin jugo ni virtud es todo hombre que está sin el Espíritu Santo; hueso muerto. Pero después que el profeta llamó al viento para que soplase sobre los muertos, tuvieron los huesos vida; todo se muda, lo pesado se hace liviano, y lo muerto revive. Estabas tú malo, pesado, sin fuego de caridad, muerto, y no sabías hacer a nadie una poca de misericordia ni tenías ternura; estabas desmayado con flaqueza, sin esperanza de poder hacer cosa buena, y pesado como muerto. Estando así, dícete Dios: «Hombre, no desmayes; ¿piensas que no has de poder resuscitar? Esfuérzate, que más poderoso soy yo para te salvar, y para te resucitar, y dar vida y alegrarte,

______

[19] Cf. *Ez.* XXXVII, 3-6.

que todos tus males para derribarte, perderte y matarte y entristecerte. Más bondad es la mía para hacerte bueno que tu maldad mala para condenarte y hacerte malo».

¡Bendígante, Señor Dios todopoderoso, los cielos y la tierra! ¡Cuántos testigos veremos en el día postrero de esto, que sus naos iban ya para ser perder, iban a se hacer pedazos, estaban para se hundir, y soplándolos tu soplo fueron salvas, y llegaron con tranquilidad y seguridad al puerto! ¡Cuántos, perdida toda esperanza de vida, resucitó su Espíritu, y dio vida y deseos nuevos, y alegró y confirmó con nueva esperanza! ¿Quién hace todo esto? ¿El Espíritu Santo, que sopló y llevó hasta Dios sin resistir.

¿Qué más hace? ¿Quién lo dirá? ¿Quién lo podrá decir? Echan los apóstoles en la cárcel, azótanlos y mándalos que no prediquen, y ellos *sálense* riendo y *gozosos* y sintiéndose por bienaventurados *porque fueron dignos de padecer* trabajos y *afrentas por Cristo nuestro Redentor*[20]. Si no, mira que por miedo de una mujercilla niega y reniega San Pedro tres veces de Jesucristo, y dice: *No conozco tal hombre* [21]. Y después de venido este Consolador, este soplo a su corazón, no bastan amenazas, no cárceles, no prisiones, no azotes, no la misma muerte para hacerle que dejase de predicar y confesar el santo nombre de Jesucristo. Decía San Pablo puesto en prisiones y cárceles: «No penséis que, porque estoy en esta cárcel preso, estoy desconsolado; hágoos saber que aquí donde estoy en esta cárcel, tengo con-

---

[20] *Act.* V, 41.
[21] Cf. *Mt.* XXVI, 72; *Mc.* XIV, 71; *Lc.* XXII, 57.

suelo para mí y para vosotros y desde aquí consuelo a todos»[22].

Dice Jesucristo en su santo Evangelio: *Quien hobiere sed, venga*[23]. ¿Qué queréis decir, Señor? ¿Qué aguas tenéis para matar la sed a los que a vos vinieren? No hay aguas ni fuentes tan frescas que así maten la sed y refrigeren a los que están sedientos, como el Santo Espíritu de Cristo. Con Él se matan las ansias y sedes de este mundo y se apagan las calores de fuego que nos encienden los deseos para amar y desear cosas de la tierra. Y por eso dice Cristo nuestro Señor: *Quien hobiere sed, venga a mí*. Viniendo a Él, y bebiendo del agua de su Santo Espíritu, y recibiendo este Consolador y este soplo del Espíritu Santo, será harto, será consolado, será enseñado y lleno de abundancia y guiado sin error y fuera de toda duda.

Dice San Bernardo que todas las cosas te enseñará; unas veces de ti a Él solo, otras veces por boca de otro hombre, te avisa, te enseña, te consuela, ayuda y esfuerza, que así lo quiere el; que [si] hobiese muchos discípulos que quisieren ser señalados con esta doctrina, que quisiesen oír y cursar en esta escuela, gozarían de este Espíritu manso, fuente de sabiduría.

En esotras escuelas, aunque sea un hombre malo, puede salir letrado en su género y maneras de letras; mas en esta escuela gozarán de este Espíritu Santo y saldrán sus discípulos *ablactatos a lacte, avulsos ab uberibus*[24]: *los que están ya destetados y apartados*

---

22 Cf. *Phil.* 1, 3 ss.

23 *Io.* VII, 37.

24 *Is.* XXVIII, 9.

de los pechos de sus madres; a estos tales enseña el
Espíritu Santo, con éstos se comunica, a éstos se da.
Atreveos, hermanos, a destetar[os] por Dios, atreveos a apartaros de los pechos de vuestras madres,
para que seáis discípulos y enseñados en la escuela
del Espíritu Santo. Destetaos de vuestra voluntad,
de vuestro propio parecer; salíos y apartaos de vosotros mismos, salíos de vuestro natural y de vuestros
juicios.

Señor mío y Dios mío, si vos no nos sois amigo,
si vos no me ayudáis, si no me favorece vuestra poderosa mano, ¿cómo podré yo hacerlo? ¿Cómo podré desarrimarme y destetarme, y apartarme de lo de
acá? Y ayudándome vos, todo lo podré, todo lo haré;
no habrá cosa que me detenga; todo lo olvidaré,
todo lo menospreciaré y lo echaré de mí. Más
quiero, Señor, ser penado por vos que alegre con el
mundo, más quiero llorar que reír, pues tan gran galardón ha prometido Jesucristo Redemptor, diciendo
con su preciosa boca: *Beati qui lugent, quoniam ipsi
consolabuntur*[25]. *Bienaventurados los que lloran,
porque ellos serán consolados.*

Al destetar suelen morir algunos niños. Unos tienen su consuelo puesto en sus hijos, otros en sus te-
soros y en sus riquezas, otros en la honra, otros en
los oficios y mandos, otros en favores, otros en sus
mujeres y maridos; y así cada uno se apacienta y se
alegra con aquello que es según su condición y más
contento le da. Déjalo todo, hermano, desteta a este
tu corazón, apártale de los pechos donde tiene
puesto su amor. Algunos destetados suelen volver

---

[25] *Mt.* V, 5.

atrás. Atrévete, hermano, y si alguna cosa te sabe bien, piérdela por nuestro Señor Dios, y di: «Por vuestro amor quiero perder esta alegría, este consuelo, esto que me sabía bien y lo otro que me da contento; todo lo que vos, Señor y mi Dios, quisiéredes que olvide, que aparte, que niegue, que haga, todo lo haré y de todo me apartaré; ayudadme vos, Señor mío y consuelo mío; esforzadme vos, dadme favor».

Accende lumen sensibus —infunde amorem cordibus —infirma nostri corporis —virtute firmans perpeti. Alumbrá, Señor, *con* los rayos de *vuestra lumbre* y claridad eterna, las tinieblas de *mi entendimiento,* para que pueda con claridad y certidumbre escoger a vos sólo por bien eternal mío y olvide y tenga en poco todas esotras cosas, pues son sombras falsas y apariencias engañosas. Y conociéndoos, *haced,* Señor y mi Dios, que *mi corazón* y toda mi voluntad *se encienda en amor* vuestro y deseo vuestro, para que a vos sólo ame, a vos sólo quiera, a vos sólo me arrime, en vos sólo ponga mis ojos, y para siempre no consintáis que sea apartado de amaros. Y porque la flaqueza de estos cuerpos estorba a que esto no se haga tan libremente como es razón, *esforzad,* Señor, *con vuestra fuerza la flaqueza de mi cuerpo,* la bajeza de mi sensualidad y habilidad, para que todo lo que hay en mí os contente y agrade y os entienda, ame y sirva.

—Padre, pues tantos bienes he oído de este Consolador, de este Huésped, que habemos de recibir en nuestras ánimas, sepamos a qué viene, qué hace en nuestras ánimas.

Larga cuenta me pedís; ¿quién os podrá contar las mercedes que hace adonde viene? ¡Cuántos dones deja! ¡Qué de misericordias obra [en] el ánima que a el se da toda! Cristo nuestro Redemptor hacía milagros, sanaba enfermos, resucitaba muertos, predicábales. ¿Quién bastará a contar tantos bienes como Jesucristo nuestro Señor hizo a los hombres? Pues así el Espíritu Santo hace en las ánimas todo lo que nuestro Señor Jesucristo hacía: El sana enfermos, El resucita muertos y da lenguas a los mudos para que hablen las grandezas de Dios nuestro Señor. ¿Quién quiere llevar este Huésped? ¿Quién quiere este Consejero, este Consolador?

—Pues, padre ¿querrá venir? —Oíd: *Omnes sitientes venite ad aquas: emite absque argento, et absque ulla commutatione, vinum et lac*[26]: *Todos los sedientos venid a las aguas, y los que no tenéis plata acercaos presto y comed; venid y comprad, sin dineros y sin ningún trueco, vino y leche*. Primero dice *agua*, y luego *vino y leche*. *Agua*, porque mata y refrigera la sed y ardor del cuerpo, y refresca los miembros cansados, y alimpia todo lo sucio. *Vino*, porque te hace salir de tu seso y tomar el seso de Cristo; quítate tu parecer y voluntad, y date el parecer y voluntad y querer de Jesucristo nuestro Señor y Redemptor. ¿Quién lo quiere recebir, que de balde se da? *Vino*, porque da fuerza y da alientos para padecer y recebir trabajos por Cristo, y alegra el corazón, y pone contento en todo lo adverso. Es también *leche*, porque así trata el Espíritu Santo al ánima del que lo tiene, como [a] niño que está a los pechos de su madre, y rígelo, gobiérnalo y regálalo como a niño; así es el ayo nuestro, defendedor nuestro, pedagogo de nuestra niñez.

---

[26] Cf. *Is.* LV, 1.

¿Quién lo quiere? ¿Quién lo quiere, hermanos? ¿Quién lo desea y está metido en pecados? ¿Quién lo pide con corazón ocupado en otras cosas? Dice el glorioso apóstol San Pablo *ad Ephesios: In quo et credentes signati estis Spiritu promisionis, qui est pignus haereditatis*[27]. ¿Qué me aprovecha ser baptizado y creer en Jesucristo, si no tengo al Espíritu Santo? Si no tengo esta *prenda de la promisión de nuestra heredad,* ¿qué me valen esotros bienes, por muchos que tenga? Ni el ser baptizado ni el llamarme cristiano es algo sin esto. Así como la circuncisión era *señal* para el judío, así el baptismo es *señal* de cristiano en lo de fuera; todo no vale para salvarte, si no tuvieres Espíritu Santo. Y la *señal* en que uno se ha de salvar y alcanzar las promesas de Cristo nuestro Redemptor, no es llamarse cristiano; no solamente es ser baptizado. Porque aunque haya esto, si falta la presencia del Espíritu Santo, no bastará aquello; hijos son los baptizados, pero no son hijos legítimos, son bastardos; hijos son, pero no heredan a su Padre, porque los bastardos no son hijos que heredan; dones les puede dar su Padre, pero no les dará la heredad. El que está baptizado y no obedece a Dios nuestro Señor, no es hijo legítimo; el que está baptizado y no tiene el Espíritu Santo, no es legítimo; bastardo es, pues no tiene la *señal* que hace a los hijos legítimos y herederos de los bienes de su Padre, que es el Espíritu Santo. *In quo et credentes signati estis.* Cuando te señalaron con la *señal* exterior de cristiano y cuando te dieron el Espíritu Santo, te hicieron oveja de Cristo y te señalaron

---

[27] Cf. *Eph.* 1, 13.

por oveja suya y de su rebaño. Si no tenemos el Espíritu Santo, no tenemos concierto sempiterno; aquel que no ha de faltar, que promete Dios por Esaías: *Feci vobiscum pactum sempiternum, misericordias David fideles*[28].

¿Quién lo quiere? ¿Quién lo quiere? ¡Oh pregoneros que pregonan la buena nueva! ¿Quién quiere este Huésped? ¿Quién quiere este Consolador?

No todos son para recebir este Consolador, no todos son para recebir un Huésped, cuanto más si os dicen que es una persona muy cuerda y sabia. Dice el mancebo: «Tengo de estar delante de el, como Jerónimo; no me tengo de menear, no tengo de hablar ni pasearme, sin ir a juegos ni a fiestas, ni por donde yo quisiere; siempre tengo de estar a raya; eso es gran pesadumbre, ¿quién lo ha de poder sufrir?»

¡Ah! Señor, ¿qué es esto? ¡Que rogamos con vos, y que no os quieren! ¡Que os dais de balde, y que no os precian! Pues vos, Señor, sabéis lo que en esto nos va y lo que perdemos si no os recebimos, decídnoslo y dádnoslo a entender.

La mujer que está preñada, no salta ni hace trabajos demasiados, como peligre lo que tiene en el vientre; la moza loquilla, que no está preñada, salta y baila y juega sin tener temor, porque no tiene qué peligre dentro de sí. ¿Queréis ver qué es, y que no os falte? Mirad: si viéredes alguna persona descuidada, o si os viéredes descuidado, que os vais adonde queréis, que habláis y reís, y jugáis sin temor, señal cierta es que no tenéis qué perder; o os podremos profetizar que lo perderéis presto, pues que no te-

---

néis amor. Señal cierta es que tenemos algo si sentimos cuidado de guardarlo y temor de perderlo; y así cuando os dicen: Mirad aquello. Respondéis: No oso. —Vamos acullá. —No oso. —Holguemos un poco. —No puedo. —Vamos a pasar tiempo. —No osaré. —¿Qué es esto? ¿Quién os ha arrebatado vuestra voluntad? ¿Quién os ha tomado vuestra libertad? —Este santo temor y reverencia de este Huésped que dentro de mí tengo, que me tiene atado los pies y manos y los deseos y el corazón; todo me tiene atado, que no puedo hacer, ni quiero, más de lo que Él quiere y lo que es su voluntad.

El que espera o tiene este Huésped, así se ata, o para le recebir mejor o con mejor aparejo, o para, si fuere venido, conservarle porque no se vaya. —¿Por qué no os vais por ahí? ¿Por qué no hacéis como los otros? ¿Por qué sois tan enojosos? Desenvolveos, sed para algo. —Si viéredes así alguno que hace esto, y que traiga cuidado sobre sí, y no sabe responder por sí, no defenderse, aquél lo tiene en el corazón; con aquél posa este Huésped; señales son éstas del Espíritu Santo. *Nolite contristare Spiritum Sanctum*[29]. Mira cómo vives, *no entristezcas el Espíritu Santo* que mora en nosotros. Vive con cuidado como el que tiene un gran señor por huésped, que no osa ir a fiestas ni a juegos, luego se acuerda de su huésped, y dice: «¿Quién lo servirá? ¿Quién le guisará de comer? ¿Quién le dará recaudo? Quiero ir a mi casa, no me haya menester, no me eche de menos, no haga falta». Si no hay este cuidado, ni este temor y reverencia al Espíritu Santo que tienes

------

[29] *Eph.* IV, 30.

por huésped, ¡qué libre que andas! Corres, y juegas, y burlas, y comes y bebes sin temor de perderlo y sin ningún cuidado de le esperar y de lo recebir. ¡Oh qué dolor! si lo esperas y quieres y deseas que venga, ¿qué es del cuidado? No hay hombre, por pobre que sea, que si le dicen que ha de venir el rey a posar a su casa, que no busque prestado, o como pudiere, algunas cosas que colgar y aderezos para ataviar su casa. «¡Oh, que me dicen que ha de venir el rey a mi casa! ¿Qué haré? Prestáme algo que cuelgue, prestáme algunos paños con que la aderece y componga; que no es razón que viniendo el rey a mi casa, aunque soy pobre, la halle desataviada y sucia y mal compuesta.»

Cuando te convidaren con algún pecado, con alguna mala tentación, responde luego: «Estoy esperando a la limpieza; ¿cómo me ensuciaré? Estoy esperando a mi Señor; ¿cómo me iré fuera de casa?» *Non permanebit spiritus meus in homine, qui caro est*[30]. Dice también San Pablo: *Nescitis, quoniam membra vestra templum sunt Spiritus Sancti?*[31]. Miraos bien, que vuestros ojos, vuestras manos y vuestra boca, *templo es del Espíritu Santo;* no ensuciéis la casa del gran Señor. Pasas un deleite en tu carne, luego se va el Espíritu Santo. No se puede sufrir en ninguna manera el Espíritu Santo en el espíritu sucio; no pueden vivir juntos. No hay medio, o has de tomar lo uno o lo otro. Si has de tomar al Espíritu Santo, todo pecado y suciedad has de echar fuera; y si con algo te quieres quedar, irse ha el Espíritu

---

[30] Cf. *Gen.* VI, 3.
[31] *I Cor.* VI, 19.

Santo. Mira, pues, agora cuál vale más, tener al Espíritu Santo Consolador en tu corazón con limpieza o perder tan gran bien por un deleite que lo pasan las bestias en el campo. No es mucho, no es mucho que aventures y que pierdas lo falso por tomar lo verdadero; que pierdas lo incierto por lo cierto. En cosa tan clara, en negocio que tanto te va, no es menester tomar consejo.

¿Quién le quiere? Mirad que se da de balde; no os pedirá muchas cosas. Por reverencia del Espíritu Santo, que hoy vino y se derramó en los corazones de los apóstoles, que de aquí adelante le tengáis reverencia y acatamiento a este Huésped; que le sirváis con mucho cuidado; aunque recibáis pena, trabajéis de contentarle; y aunque durmáis en el suelo vos, le deis vuestra cama; y aunque tengáis trabajos, le contentéis. Esto os pido por su reverencia y amor; que le tengáis respeto. No os deis al espíritu malo; no troquéis este Consolador por nadie. No podéis estar sin Espíritu Santo o espíritu malo. ¿Qué va de huésped a huésped? Santiguámonos cuando oímos decir o nombrar el demonio, ¿y no nos santiguaremos de tenerlo en el corazón, como lo tenemos cuando, por algún pecado mortal, estamos enemigos y mal con Dios?

¡Si tuviésemos un poco de cuidado y mirásemos a los apóstoles, que con fe le esperaban! Estaban los bienaventurados esperando el Consolador; está así tú en obras de misericordia, haciendo bien a cuantos pudieres. Estaban encerrados en compañía de la bendita Virgen María; llámale, hazle fuerza, como la otra viuda porfió y hizo fuerza a Eliseo[32].

---

[32] Cf. *4 Reg.* IV, 1 ss.

Esto pensaba, que, pues, vino en los que crucificaron a Cristo, también vendrá agora a los que con devoción le llamaren. Espanta de verdad su blandura y amor, que se metió entre aquéllos por la predicación e invocación de los apóstoles. Predica San Pedro: «Hermanos, pecado habéis, conocé vuestros pecados y arrepentíos de ellos, que el Señor os perdonará luego, y os enviará un don. Aparejad vuestros corazones para lo recebir»[33]. Ábreles Dios los corazones, sus entrañas, y conocen su mal; y suena aquella voz que suena más que órgano, y huele más que algalia, que es conocer su pecado y llorarlo; y llaman muy de corazón el nombre de nuestro Señor Jesucristo; y en haciendo esto viene sobre ellos el Espíritu Santo. ¿Queréis que el Espíritu Santo venga a vos? Llamaldo en nombre de Jesucristo. Quiere tanto el Espíritu Santo a Jesucristo, que, si lo llamáis que venga a vosotros en su nombre, luego vendrá.

—Es limpio; ¿cómo ha de venir a mí, que soy sucio? —Ahí está el punto. ¿Por qué quiso tanto el Espíritu Santo a Jesucristo? Porque se puso Jesucristo tan de buena gana en la cruz, obedeciendo al padre Eterno y al Espíritu Santo, por eso vendrá en nombre suyo a vosotros, y no tendrá asco de nuestra miseria; no dejará de venir; no se atapará las narices de ti. —¿Quién juntó oro con cieno, limpieza con la basura, rico con extrema pobreza, alteza con bajeza, tan grande bien con tanta flaqueza y poquedad? —Así es verdad, que el hombre no es lugar propio para el Espíritu santo, ni la cruz era lugar adonde

---

[33] Cf. *Act.* II, 38.

pusieron a nuestro Redemptor Jesucristo; mas, por esta junta de Dios con la cruz, es esotra del Espíritu Santo con el hombre. El Espíritu Santo amonestó e inspiró a Jesucristo que se pusiese en aquel lugar tan bajo y tan hediondo de la cruz, y por eso el Espíritu Santo viene a este otro lugar tan hediondo y bajo, que es el hombre. Rogádselo, importunádselo, llamalde en nombre de Jesucristo nuestro Señor, que cierto vendrá y dárseos ha con todos sus dones; esclareceros ha el entendimiento; encenderá vuestra voluntad en amor suyo y daros ha gracia y gloria.

QUINTO SERMÓN

Lunes de Pentecostés

Non enim misit Deus Filium, ut iudicet mundum, sed ut, etc. (Io, III, [17]).

Grandes espuelas son para el que entiende alguna obra entender el fin y tener confianza que saldrá con ello. Cuando desesperamos de alcanzar alguna cosa, no buscamos medios para ella ni los ponemos por la obra, etcétera.

Pensando yo alguna vez qué [es] la causa por qué tan pocos buscan el Espíritu Santo, cuán descuidados viven de pensar si tengo yo el Espíritu Santo; comen, ríen, entienden en negocios, y un corezuelo de una mujer hermosa los lleva tras sí perdidos, y la hermosura del Espíritu Santo tiene tan pocos amadores que pierdan el sueño por Él...

¿Cuántos sueños os ha quitado esta congoja del Espíritu Santo? Cosa es maravillosa cuán pocos aman y desean este Señor, pagando Él mejor que el mundo. Hay hombres que por un real pierden la honra, el sueño, y jurarán un juramento falso, etc.; y de las riquezas del Espíritu Santo no se os da nada. ¿Qué será la causa que no andamos tras ellas?

Dijo Dios por boca de Moisén: «No digas: Lejos está esta ley de nosotros, ¿quién la cumplirá? ¿Quién subirá al cielo por ella o quién descenderá al infierno para sacalla? Ves aquí cómo te lo mandó decir por boca: Cerquita está de ti, en tu presencia»[1]. Decláralo San Pablo. *No digas: ¿Quién subirá al cielo a traer a Jesucristo? ¿Quién bajará al infierno, id est, Christum a mortuis deducere, para resucitar a Cristo de entre los muertos? Sed prope est verbum in corde tuo et in ore tuo. Hoc est verbum fidei quod proedicamus*[2]. Dice. No andes cuidadoso diciendo: *¿Quién subirá al cielo* para traernos de allá la salud, *id est,* a Jesucristo? *¿Quién bajará al infierno* para sacarlo de allá? ¿Quién podrá estar cerca de Él para gozar de Él y recebir su salvación? No digas esto —dice San Pablo—, que [*en*] *tu boca, en tu corazón, cerquita,* junto contigo *está.* Si tuvieres fe, serás salvo.

A nuestro propósito. Estará aquí alguno deseoso de ver el Espíritu Santo. ¿Ha dicho alguno: No gozaría yo de Él, que estaban los apóstoles tan deseosos de ver el Espíritu Santo por las cosas que les había dicho de Él, que morían de deseo?» No diga: «¿Yo no vería tanto bien?; ¡quizá sospiro por cosa que no puedo alcanzar!; he puesto mi amor en cosa tan alta, que es más para desesperar que para alcanzar; Él verdadero, yo mentiroso; Él limpio, yo sucio; Él grande, yo tan chico; ¿cómo me querrá?» No [o]s

____

[1] Cf. *Deut.* XXX, 11-14.
[2] Cf. *Rom.* X, 6-8.

fatiguéis, no desesperéis, poné vos el cuidado, el deseo, que lo demás Él lo porná, etc.

Vido Daniel *un río de fuego* que bajaba hacia bajo[3]. ¿Cómo es esto? ¿No es su naturaleza subir? ¿Qué es esto que dice el Apóstol, que convenía que Cristo, después de haber padecido por nosotros, subiese a los cielos y se asentase a la diestra del Padre, *ut appareat vultui Dei?*, etc.[4] ¿Qué es esto, Señor? Eso te quedaba por hacer por nosotros para que se ponga delante la cara del Padre y le presente sus llagas y sus trabajos, y le diga: «Padre Eterno, si bien me queréis, quered bien a estos míos que parí, que trabajé por ellos». Y que de aquella faz y cara de Jesucristo, de sus merecimientos (que Él es la cara de Dios; ansí se dice cara, porque nos representa y pone delante la divinidad de Dios, como cara, como imagen de Dios: *Quí cum sit imago Patris et figura subtantialis eius)*[5], de la faz de los merecimientos de Jesucristo viene. ¿Qué es venir, sino correr hacia bajo? ¿No vino del cielo a la tierra? ¿No es eso bajar? Corre, desciende hasta la bajeza de los hombres el río de fuego que es el Espíritu Santo.

Hoy entra en aquellos corazones y enciéndelos y enflámalos. No temas, que, si Cristo mereció, para eso mereció, y por sus merecimientos se te ha de dar. Y ansí como, cuando vino y se hizo hombre y se encerró en las entrañas de una mujer, la s [*acratissima*] *Virgo,* ella le rogó, y vino rogado; y suplicán-

---

[3] Cf. *Dan.* VII, 10.

[4] Cf. *Hebr.* IX, 24.

[5] Cf. *Hebr.* I, 3.

dole ella, vino y se entró en sus entrañas y lo santificó y limpió, ansí hará con nosotros, etc.

Dios dé a v[uestras] s[eñorías] muy buenas Pascuas y mucha gracia del Espíritu Santo. Cábenos hoy de predicar unas palabras que las escribió el Espíritu Santo por boca del evangelista San Juan. Hanse cantado en el evangelio de la misa, etc. Son palabras dulces, y más por estar en la boca de Cristo. Quiere decir: *No envió Dios al mundo a su Hijo para juzgar y condenar el mundo, sino para que el mundo se salve por Él*[6]. Gana lo debe tener, pues que tal pieza envía; gana tiene de esa joya, pues que tanto precio da por ella. Por vuestra vida, que los que sabéis latín leáis este capítulo. Paréceme que son las más dulces que hay en el Evangelio.

Ver cómo platica el Señor con Nicodemus. Era un buen hombre y letrado, etc. Entre muchas cosas que podéis ver allí díjole: *Mira, si el hombre no tornare a nacer, no puede ser salvo. Díjole: ¿Cómo puede ser que hombre viejo pueda tornar a nacer? ¿Por ventura puede entrar en el vientre de su madre otra vez?*, etcétera. —*Tú, maestro y doctor en Israel, ¿y no sabes esto?*[7]. Muy letrado quizá, y para salvarte ignorante, ¿no sabes qué es tornar a renacer? Que no puede ver el reino de Dios. Ver y entrar todo es uno, etc. Dice San Augustín: El que no es nacido no puede ver las cosas de acá, las cosas del mundo; ni las cosas de Dios si no tornas a nacer, etc.[8].

---

[6] *Io.* III, 17.

[7] *Io.* III, 3 ss.

[8] Cf. SAN AGUSTÍN, *In Io. Ev.*, tr. II, 6; tr. XII, 5: ML XXXV, 1478, 1486.

118

¿Y esto no sabes? ¿No lo has leído en la Ley, en los Números, que murmuraron de Moisén los hijos de Israel, envió Dios serpientes que los mataban, y cómo el mesmo contra quien murmuraban rogó a Dios por ellos, que les quitase aquella plaga, y mandóle que pusiese una serpiente, etc.?[9] Esta es la verdad de aquella figura y el cuerpo de aquella sombra. Conviene que yo sea puesto en alto en la cruz, para que todos aquellos que me miraren y con fe alzaren los ojos a mí, tengan vida. Y si te espantas por qué pongo tanto cuidado en la salvación, no es por sus merecimientos. ¿Sabes de dónde nace? *Sic Deus dilexit mundum,* etc.[10]. *Tanto amó Dios al mundo.* ¿Qué sienten vuestras orejas cuando oís decir: *Ansí amó Dios al mundo, que dio un Hijo que tenía,* y sabiendo que le había de costar la vida lo que había de hacer por el mundo? ¡Que sea yo amado de Dios! ¡Que parezca tan bien mi ánima a Dios, que le es tan preciosa, que, porque no se pierda, envió a su único Hijo que muriese por ella!

Señor, ¿quién se honra de linaje, quién de hacienda, estado, hermosura, etc.? Avergonzaos de honras y estimaos que sois tan amados, tan queridos de Dios, que un Hijo, etcétera. No basta oído, etc. ¿Que os lo enviase para que nos perdiese? ¿Podíades tener mayor honra, podéis tener mayor causa de andaros tras quien tanto os quiere?, etc. Los más que no sirven a Dios es porque no tienen conocimiento de cuánto Dios los ama; no conocen lo que por ellos ha hecho quien d[i]ó su Hijo por ti, etc.

---

[9] Cf. *Num.* XXI, 6-9.

[10] *Io.* III, 16.

Que llorase el porque tú rieses y descansases, etc. ¿No te huelgas mucho de oír estas palabras, que te amó Dios tanto? Y era Él el que las decía, etc. *No lo envió para que* condene el mundo, no para que lo *juzgue;* que si a eso viniera, ¿quién escapara? ¿Quién quedara sin ser condenado? No vino *sino para que el mundo se salve.*

—Parece que, según eso, perdido estaba el mundo antes que Él viniese. —Sí, y antes que venga Él al alma está perdida. —¿Cómo se perdió el mundo? —Sepámoslo, porque quizá por allí veremo[s] cómo por allí se ha de salvar. *Homo, cum in honore esset, non intellexit, comparatus est iumentis insipientibus, et similis factus est illis*[11]. Crió Dios el mundo, adornólo de árboles, yerbas, animales. Crió al hombre y la mujer. Hízolos señores de todo, púsolos en mando, en honra. La mayor honra que les dio, que los crió a su imagen y semejanza y los puso debajo de su obediencia.

Estando en esta honra, él no lo entendió, no se supo conservar; que más virtud es menester para que no caigáis con la honra y prosperidad que no con los trabajos; más lumbre habéis menester para que no caiga[is con] la honra que no para que os derruequen los trabajos. No conoció lo que tenía, quiso subir más alto, y porque quiso lo que era sobre ella, perdió lo que era para ella y perdió a sí mesma; no sólo perdió a Dios por dejallo para sí, mas perdió lo que... Menos es que hombre el que está en pecado. Helo aquí perdido, *tornado bestia,* en dejando la gracia y obediencia de Dios. En pecando, luego

---

[11] *Ps.* XLVIII, 21.

120

sigues lo que tu apetito quiere y tu carne te pide, etc.
¿No es hombre el que vive según razón, etc., el que
se rige por lumbre natural? ¿Qué es un caballero vestido de brocado y seda, y dentro es bestia?, etc. ¿Qué
cosa es ver uno que parece que rige a otros y él es
guiado y regido por una bestia? No hay mayor deshonra que estar en un pecado; es un hombre estar hecho bestia. *Non intellexit,* etc. Ni él sabía qué cosa
era carga como bestia, ni trabajos, ni cansancios, etc.
Por los pecados entró esta gente en el mundo. De allí
vino la cobdicia, la honra, los mayorazgos, etc.

¿Acordaisos de un loco que edificó una gran ciudad para hacerse fuerte en su reino contra Dios, que
no le pudiese echar de él? Nabucodonosor: ¿Quien
podrá —dice— quitarme a mí mi mando y señorío?
Espera, pues. Oye una voz del cielo: Echarte han de
tu reino y casa, y siete años andarás como bestia entre
las bestias, paciendo como ellas, y siete años pasará
[n] sobre ti, hasta que confieses que el poder y fuerza
está en el cielo y no en ciudades, no en ladrillos, ni
piedras, etc.[12]. *Detur ei cor ferae,* que le parecía a él
que era bestia. Sálese de su palacio y vase al campo
con las bestias, y pasa siete años. ¿Qué es esto? Que
siete tiempos han de pasar sobre ti, hasta que conoz-
cas que la fuerza y el poder está en el del cielo, no en
ciudades, ladrillos, etcétera. Pues que quitaste a Dios
la honra, que te quieten no sólo el reino, mas que te
quiten el corazón; que te hagan hombre y que parezca
que no lo eres, etc. Ansí es que, pues dejas a Dios,
que no solamente se te quite la gracia y las virtudes,
etc., sino que te parezca que eres bestia, etc. Monta.

---

[12] Cf. *Dan.* IV, 13.

¿Qué? ¿No pasa esto cada día entre nosotros? Porque vos os halláis un tiempo devoto y amigo de rezar y contemplar, y todas las temptaciones no se os hacían un soplo, engreísteos, tuvistes confianza en vuestras fuerzas. Que os quiten el reino, que no sepáis qué es devoción ni oración, ni qué es Dios, sino que estéis como una bestia, para que sepáis que lo que os daba era gran merced y que no os lo debía; agora no os sepan bien palabras de Dios ni cosa buena. Conoceos, etc. El león conoce a quien le da de comer. Y cualquier animal. ¿Y vos no lo conocéis? Que os de corazón de bestia; que perdáis la misericordia, etc. Esto es lo que Job lloraba en nombre del pecador, diciendo: *Lo que mi ánima otro tiempo aborrecía, agora lo come*[13]. Lo que Adán y Evan pecaron; nacen todos sus hijos en pecado.

Dice Dios: «Dejaldos a los locos, que yo les haré que pasen siete años sobre ellos; yo les daré a entender cuán poco valen sin mí», etcétera. Dice San Agustín: «Porque probasen los hombres bien probadas sus fuerzas y conociesen su flaqueza, etc., y llamase[n] el ayuda de Dios, etc., hace buscar remedio»[14]. Viene ley natural; hacen al revés. Entiéndeseles; ni la obrabra[n]. Conociendo cuál era bueno, no lo seguían; cuál era malo, y no se apartaban de ello. Acá tenían ley en su ánima, no para guadalla, sino para conocer su enfermedad, etc. Dicen: «Si hobiese ley y quien mandase, no faltaría quién la cumpliese». Dióles Dios secientos y sesenta mandamientos, porque no se quejasen que no

---

[13] Cf. *Iob.* VI, 7.
[14] Cf. SAN AGUSTÍN, Serm. 156, c. 2: ML XXXVIII, 850.

les mandaba, y ellos no solamente no fueron buenos, pero fueron peores que antes por ocasión de la ley. *Lex subintravit ut abundaret delictum*[15]. No porque ella era mala, sino por la maldad y flaqueza humana, etc. Estáis ya quitados de esa opinión, teneisos por flacos y malos, etc.

¡Oh! Cuántas veces decimos: «Traigo agora un negocio, que no me vaga confesar ni entender en mi conciencia; mañana, acabado este negocio, yo lo haré». Y después no solamente no dejáis aquellos males que tenéis entre manos, pero añadís otros tantos, etc.

Esta locura y presumpción, esta confianza en nuestras fuerzas nos tiene echados a perder. Al fin perdióse el hombre por la honra, y vino a ser más bajo que bestia. Y en la séptima edad, desque los hombres eran tratados como bestias de los pecados, envía Dios al Salvador de los perdidos, no para que los juzgue y los castigue —*non enim misit Deus Filium suum*, etc.—, *para que el mundo sea salvo*, sea remediado *por Él*[16].

Ya estamos dentro la fiesta. ¿Cómo lo salvará? Estaba el hombre debajo de condición de bestia y aun más bajo que bestia. ¿Cómo se puede remediar? Quítenle el corazón de bestia y denle corazón. ¿De quién? de hombre no, sino de Dios. Por el pecado perdió el corazón de hombre. Quítenle agora el corazón de bestia, ¿y dénselo de hombre? *Aufer a nobis cor lapideum*[17]. Ese día es hoy de la recreación

---

[15] Cf. *Rom.* V, 20.

[16] Cf. *Io.* III, 17.

[17] Cf. *Ez.* XI, 19; XXXVI, 26.

del hombre, de la renovación, cuando le quitan al mundo corazón de bestia y se lo dan de Dios, etc. Otro tiempo no baptizaban sino las Pascuas de Resurrección y Espíritu Santo, para dar a entender que el baptismo es nueva resurrección del alma, y también hoy, porque hoy es día en el cual reciben los hombres corazones nuevos de Dios, etcétera. Los que ya hijos de hombres, hoy son hijos de Dios adoptivos. Hoy es este día.

Estadme atentos. ¿Cómo los salvó Jesucristo? ¿Veis aquella pelea en que anduvo mientras que vivió, peleando con el Padre, rogándole por nosotros, ofreciéndose por nosotros, etcétera? Pedleó con nosotros porque le conociésemos y creyésemos y obedeciésemos, etcétera, y mejor peleó y negoció con el Padre nuestro perdón que con nosotros que le creamos, etc. Allegó todo aquel tiempo doce apóstoles entre cuantos había en el mundo.

Pues ¿cómo lo salvó? ¿Cómo lo redimió? Hoy es el día del Señor, el cual viene a los hombres. En semejanza del otro día es este. Acullá vino Dios por unión, aquí viene Dios por unión no hipostática, mas de operación y regeneración. ¡Bienaventurado día! ¿Quién no se maravilla? Hoy baja la luz a los hombres, hoy baja la misma persona de Dios, el Espíritu Santo, y se entra en los corazones de los hombres.

¡Qué lindo día y casamiento tan hermoso! Hoy salva Dios al mundo por el Espíritu Santo. Pues ¿por qué se dice Jesucristo Salvador? Ansí es, que lo es, que por sus ruegos vino el Espíritu Santo a los hombres, etc., a sanar los abominables corazones de los hombres, tan mal inclinados, etc. Quéjase Dios por Hieremías: *Numquid servus est Israel, aut ver-*

naculus? Quare ergo factus est in praedam? Quare leones rugierunt super eum?[18]. *¿Por ventura eres esclavo? ¿Por qué te dejaste captivar* del pecado? ¿Por qué eres hecho presa y robo de los pecados? ¿Por qué se ha hecho captivo del demonio? ¿Por qué eres esclavo, cristiano? *¿Por qué* consientes que *bramen los leones sobre él,* que se alegren sobre él, como buitres sobre cuerpos muertos? ¿Por qué consientes que lo traigan en la tahona moliendo? Di: ¿Por qué yo en pecado, esclavo del demonio? Alza tus ojos, como Nabucodonosor, al cielo, a cabo de los siete años, y di; *Domine, tuyo es el reino y tú lo darás a quien quisieres*[19], dice Nabucodonosor. Ansí, ansí os haré asesar.

Tuya es la fuerza; en tu mano está la salud; y si he sido loco y malo, y si el corazón se quiebra, si siente su flaqueza, su dureza, y se quebranta, y le hacéis muchos agujeros, cerca está la salud. Cerca estáis de quitaros el corazón de bestia, dice Dios. Venga el Espíritu Santo y quite ese corazón cruel, duro, etcétera, y denle otro sano. Como cura lo de dentro, cura lo de acá fuera, y luego dentro remedia lo de acá fuera. En entrando los sacerdotes con el arca en el agua, deja de correr. Entrando los buenos pensamientos en el alma, que son significados por los sacerdotes, porque nos ofrecen a Dios, entrando en el alma, entrando la gracia, el arca, luego paran los vicios malos y costumbres, trueca los hombres, etc. Comienza el Espíritu Santo a obrar. Dice: «Ya no más; basta, que he ofendido a mi Dios hasta aquí».

---

[18] Cf. *Ier.* II, 14-15.
[19] Cf. *Dan.* IV, 31-32.

¿Basta eso para no ser malos, no pecar? Eso los filósofos lo tuvieron, Sócrates, Platón, Pitágoras. ¿Sabéis quién? Si viéredes un hombre virtuoso, que vive según razón, si no hay más que eso, no entrará en los cielos, porque no entrarán allá por nacidos, sino por renacidos; no entrarán hombres, sino hijos de Dios: fe, gracia, esperanza, obediencia. Si solamente por razón te riges, no entrarás allá, no, hombre, que del cielo ha de venir tu salud, etc. No renace[s], aunque te den fuerza para bien obrar, aún no está sano ese camino para la salud; no está del todo sano sin que tenga los hábitos todos de las virtudes.

Has de tener un amor infundido, que te mueva. Infúndese fe y caridad, y no basta eso. Aunque estás sano, etc., sin la mano de Dios no es verdadera salud. Infúndele Dios estas virtudes que llaman los teólogos hábitos. Hailos ciertos, etc. Son como acá desque componéis una desposada hermosa, aunque es hermosa, ponéisle muchas manillas, joyas. Y ansí dice San Hierónimo que aquella[s] riquezas de la Ley vieja figuraban las grandezas que se habían de dar en la Ley de gracia[20]. Y ansí pone Dios cosas en las potencias, cosas con que mejor obre [n], etc. No se contenta el Espíritu Santo que seas hermoso de fuera, sino que seas hermoso de dentro; no sólo en el obrar, sino en aquello con que obras. Y si vieses la hermosura que el Espíritu Santo pone en el ánima donde Él mora, irte hías perdido tras ella; todas las riquezas de acá te darían asa. Quien crió el sol, es-

---

²⁰ San Jerónimo, *Comm. in Eccl.:* ML XXIII, 1079-1081; cf. *In Iob,* c. 42: ML XXVI, 848.

tando en el ánima, ¿cuál estará? Ansí ha de ser la esposa del Espíritu Santo; ansí dice el Esposo en los Cantares: *Quam pulchra es, amica mea, quam pulchra es!*, etc.[21]

Estad atentos. ¡Quién fuese tan poderoso que os metiese en vuestras entrañas un amor que os hiciese andar perdidos tras del Espíritu Santo! —Pues que decís, cuando esos dones están en el ánima, que allí está el Espíritu Santo, ¿cómo dice San Juan que *no era dado el Espíritu* Santo, *porque Jesucristo no era glorificado?*[22].

—Mirá: ¿habéis visto cuando un maestro saca un discípulo que sabe tanto como él? Dícele: «Id y obrá conforme a la ciencia que sabéis; ya eres buen médico; ve y cura». Deja el maestro y obra él por sí. Esto es lo que he dicho hasta ahora. Pone el Espíritu Santo en ti fe y caridad, etc., y mil virtudes, y déjate que obres, como cuando un médico cura, y está ya sano el enfermo, y le dice: «Andá, comé de todo, que ya sano estáis; regíos como sano». «Pues que sois letrado, viví como letrado». Esto es cuando viene el Señor en el ánima y date habilidad para que obres bien, alúmbrate el entendimiento, sánate la voluntad, inflámala en amor de Dios y date fuerza para que le ames.

—Pues ¿por qué es menester más? —Pues ahí está el punto. Santo Tomás dijo esto mejor que todos, y sacólo de San Agustín, o por mejor decir, de Jesucristo[23]. Dice que todas las virtudes y gracias

---

[21] *Cant.* IV, 1.

[22] Cf. *Io.* VII, 39.

[23] SANTO TOMÁS DE AQUINO, *Summa.* 1-2, q. 109, a 9. SAN AGUSTÍN, *De natura et gratia.* c. 26: ML XLIV, 261.

que te dan no basta para que te salven y obres, sin que ande la mano del Señor sobre ti; no que no puedas tú amar a Dios y creer con esos dones, mas para que uses bien de ellos es menester que ande la mano de Dios siempre sobre ti; que sin ella no puedes bien usar de ella. *Qui ex Deo est non peccat, etc.*[24]. Quien te preguntase: ¿Por qué uno que está en gracia peca, pues tiene esa fuerza y esa habilidad? —Porque tenemos libre albedrío, aunque más dones haya, puedes dejar de obrar conforme a estas virtudes y pecar porque no obráis conforme a ellas; y por eso, para usar siempre de ellas, viene la mano del Espíritu sobre el ánima, no sobre el don, que no es menester, sino sobre el libre albedrío para que no te apartes de la gracia, etcétera, aunque te puedes apartar, sino que siempre estés firme. Pues para eso es el Espíritu Santo, para, aunque pueda pecar porque es libre, porque no peque; para eso es menester el Espíritu Santo, y sin Él ninguno, por muchos dones que tenga, no se puede salvar. Esto es lo que dice David: *spiritus tuus deducet me in terram rectam, etc.*[25]. Por bien aderezada que vaya una nave de velas y todos instrumentos, si no lleva piloto que la rija, perderse ha; ansí si no tienes este Espíritu Santo, aunque tengas muchos dones, perderte has, etc. ¡Bendito seas, Señor, que no te contentaste con darnos tu Hijo que muriese, etc., sino tu Santo Espíritu para que fuese nuestro ayo!, etc.

—¿En qué está la diferencia? —Los santos del Viejo Testamento, ¿no tenían el Espíritu Santo?

---

[24] Cf. *I Io.* III, 6; V, 18.
[25] Cf. *Ps.* CXLII, 10.

128

—Sí. —En esto está, que en aquel tiempo dábase poco y ansí obraba poco; agora, después que el Espíritu Santo vino, a cada paso y cuasi todo lo que obran los santos apóstoles.

Esta es la fiesta de hoy. Mirá; una cosa es obrar como hombre bueno, aunque favorecido de Dios; otra cosa que sea el Espíritu Santo el auctor y movedor, y que sea el hombre cuasi no más que instrumento. Mucho es que obréis vos una obra buena y que con la virtud y los hábitos os esforzasteis y pensaisteis lo que elegistes, etc.; otra cosa es que obréis una obra grande, que ni vos la pensasteis ni elegisteis, ni teníades fuerza ni virtud para ello, ni la común fe ni caridad bastaba para hacerla, sino como el niño, que decís no es suyo lo que habla. Es como si un gran pintor tomase la mano a uno que no sabe pintar y con ella hiciese una muy hermosa imagen; el que allí la hace decimos que es el pintor, mas el instrumento es la mano del otro. Ansí es acá. En las primeras obras que el hombre obra acá con el ayuda de las virtudes y de Dios obra el hombre ayudado de Dios, obra Dios acompañando, el hombre como órgano del Espíritu Santo; que si le decís: «¿Quién te dijo esto? ¿Cuándo lo pensaste? ¿Por qué lo heciste?», no sabrá la causa, sino que se lo halló hecho. Es como viento que no sabéis de dónde vino ni va; y muéveos el Espíritu Santo. ¡Cuánto es la obra de mayor fuerza que la que vos teníades, que os espantáis de vello hecho!

Yo lo declararé. Cuántas veces estáis reventando por tener devoción, y tenella muy liviana; porque aquélla sale conforme a la santidad que hay dentro, ¿y no os ha acontecido otras veces, sin pensar en ello, etc., veniros un fuego tan grande, que os abrasa las entrañas, que decís: «Nunca tal pensé»? Esto no tenéis de vos ni de la gracia y virtudes. Pues ¿qué es eso? Esa es la fiesta del Espíritu Santo. Como Dios, os movió a hacer cosa que vuestra fuerza no bastaba. Cuando vieres algo en ti de eso, di: «No lo pensé yo»; ése es el Espíritu Santo que mora en vos. Cuando tienes gran contrición, esto hace: *llamar ¡Padre! ¡Padre!*[26]. Hácete que no te olvides, sino que siempre andes al lado de Dios. Este Señor es el que se nos da para ésta y para otras cosas, etc.

---

[26] Cf. *Rom.* VIII, 15; *Gal.* IV, 6.

SEXTO SERMÓN

Martes de Pentecostés

> *Ego veni ut vitam habeant, et abundantius habeant.* Yo vine para que tengan vida, y [en] más abundancia *(Io* X, [10]).

Los negocios en que va la vida suelen ser muy estimados y tratados con gran cuidado y diligencia. Solemos decir: «¡Oh señor, que me va la vida en ello!» Todo cesa cuando decimos: «Vame la vida en esto».

En el tiempo pasado leemos que por oraciones y ruegos del profeta Eliseo dio nuestro Señor un hijo a una buena mujer, y en saliendo el muchacho al campo murió; dióle un gran dolor de cabeza, y vínose a su casa, y murió en los brazos de su madre. Púsole así muerto encima de la cama del profeta Eliseo; y la buena mujer, viuda y lastimada, salió al monte Carmelo a buscar al profeta Eliseo, y con amargura y angustia de corazón se echó a sus pies y díjole: «Siervo de Dios. *Numquid petivi filium a Domino meo? Numquid non dixi tibi,* etc.?[1]. Muy

---

[1] *4 Reg.* IV, 28.

mayor es la pena que he recebido con su muerte que la alegría y gozo que recebí cuando me lo dieron». Entonces mandó el profeta a su criado que tomase su báculo y fuese donde estaba el niño muerto y le tocase con él. No se contentó la buena mujer con esto; échase otra vez a sus pies y dijo: *Vive Dios, siervo suyo, que no iré de aquí si primero no vas conmigo*[2]. Pudo tanto el ruego importuno de esta mujer con el profeta, que se va con ella; y llegan a su casa, y entra a la cama donde estaba el niño muerto, sube el profeta y encórvase todo sobre el niño difunto, junta su boca con la del niño, y ojos con ojos, y manos con manos, y cuerpo con cuerpo; al fin, juntóse todo con el niño, apocóse, encogióse el profeta Eliseo, y vive el que estaba muerto, resucita el que estaba difunto. Tomóle el profeta y sacóle afuera, y dalo vivo a su madre, y dícele: *En vivit filius tuus. Cata aquí a tu hijo que vive. —Verdaderamente conozco que eres siervo de Dios y que vive el Señor en ti*, dijo la buena mujer[3]. ¿Habrá aquí alguna madre que sepa llorar su muerto? ¿Que sepa orar y importunar algún santo profeta?

Llámase *Semen,* porque así como vos nacéis por generación de sangre, en lugar de sangre y lo que ella hace, hace acá el Espíritu Santo; y el mismo amor que la sangre pone, ese mismo pone el Espíritu Santo en el ánima donde mora y adonde viene. Entendedme, que, si viene el Espíritu Santo en vosotros, tendréis amor a vuestros prójimos, como a vuestros hermanos, y aún más. —¿Por qué? —Por-

---

[2] Cf. *4 Reg.* IV, 30.
[3] *3 Reg.* XVII, 23-24.

que más fuerte es el engrudo y liga del Espíritu
Santo que el de la sangre, el cual hace solamente
amar al padre y a la madre y a los hermanos y parientes.

Y por esto, puesto caso que la Virgen santa María
nuestra Señora a sólo Jesucristo nuestro Redemptor
tuvo, y fue su Hijo natural; pero porque fue allí de-
rramado el Espíritu Santo abundantemente en su corazón y entrañas, ámanos en gran manera, ámanos
entrañablemente. No hay comparación de esposo a
esposa, ni de madre a hijo, ni de hijo a padre; más
fuerte es el amor espiritual que como a hijos adoptivos nos tiene. —¿De dónde es esto? —El mismo
Espíritu Santo es ternura, es amor: *Deus charitas
est*[4]. Y como tan grande abundancia y plenitud se infundió en la Virgen, no tiene que ver la viuda con
ella. Las oraciones y ruegos, y lágrimas de nuestra
verdadera Madre, trujeron al grande para que se hiciese chico, y el que es sobre todas las cosas se
hiciese una cosa y se apocase, se encorvase y aba-
jase, y el eterno se hiciese temporal. Esta Señora es
por cuyas oraciones todo lo que se pide se alcanza
del Señor.

*Yo vine para que tengan vida y más abundosa-
mente la tengan*[5]. Este evangelio habla a los pasto-
res; y pues no están aquí, habrémoslo de traer a
nuestro propósito, que somos las ovejas.

Ya sabéis que Dios nuestro Señor nos quiere
bien. Muy antiguo es el amor: al amigo viejo no le
hemos de desechar. Ya sabéis cómo cuanto crió

---

[4] *I Io.* IV, 16.
[5] *Io.* X, 10.

nuestro Señor Dios, todo fue para nosotros y para nuestro servicio y provecho. Crió el cielo y la tierra, el sol y la luna, la mar y todo cuanto en ellos se mueve, estrellas, árboles, peces, animales. Señor, Dios mío, ¿para qué? Todo para servicio y regalo del hombre: «Quiero poner casa a mi hijo». Estaba todo lo dicho criado; estaba como vacía la casa. Crió al hombre de lo más ínfimo de la tierra, y como buen ollero, desque lo tuvo formado de la tierra, *soplóle en la faz soplo de vida* (el hebreo dice *en las narices*)[6]. En soplando que el Señor le sopló, levantóse el hombre vivo.

Sicut corpus sine spiritu mortuum est...[7]. Así como el cuerpo sin anhélito es muerto, así está muerta el ánima sin el Espíritu Santo. Este Espíritu Santo es ánima de nuestra ánima. Sopló Dios nuestro Señor en el primer hombre *spiraculum vitae, resuello de vida,* y luego la tuvo, y aquello fue figura de la vida espiritual. Dióle nuestro Señor Dios a Adán cuerpo, y para que aquel cuerpo tuviese vida y viviese, dióle ánima que lo vivificase; y para que aquella ánima también tuviese vida, dióle Espíritu Santo, *Spiritus vitae,* dice San Pablo[8]; vida de mi vida, alma de mi alma. Dióle soplo de vida corporal, dióle también soplo de vida espiritual, fuéle dado Espíritu Santo.

¿Vistes nunca que, viviendo en estas dos vidas los primeros hombres, comieron y murieron y costóles la vida? Cuán bien acertado está; todo el bien

---

[6] *Gen.* II, 7.
[7] Cf. *Iac.* II, 26.
[8] *Rom.* VIII, 2.

134

de una criatura que a Dios quiere agradar, está en perder su libertad, y su querer propio, y voluntad. Fue Eva sin licencia a pasearse por el huerto; sin licencia fue, que, si no fuera así, no cayera; engañóla el demonio, comió como el demonio le aconsejó, y murió el ánima, porque el pecado es pestilencia del ánima, es rejalgar para el ánima. *Aut potest aliquis gustare, quod gustatum affert mortem?*[9]. *¿Quién está aquí* tan fuera de juicio, que *comiese manjar* que sabe cierto *que comiéndole le había de matar?* Mandáronles a nuestros primeros padres que no comiesen del árbol vedado, y certificólos nuestro Señor que luego que de él comiesen morirían, y comieron y murieron. Para manjar del cuerpo les había criado Dios en el paraíso terrenal muchos árboles y para majar del ánima, mandóles que del árbol de la vida [*sic*] no comiesen; de manera que la obediencia les dio Dios nuestro Señor para su ánima. Comiendo de los árboles que nuestro Señor había criado en el paraíso, comían los cuerpos de nuestros primeros padres y vivían vida de ánima, manteníanse; y dejando de comer del árbol vedado, comían el fruto de la obediencia y vivían vida espiritual. Desobedecieron al mandamiento que Dios nuestro Señor les había puesto, y murieron por la desobediencia muerte de ánima; porque quisieron hacer su voluntad, comen y mueren sus ánimas. Quedan obligados a morir corporalmente; queráis o no, corporalmente vuestro vivir es morir; daos por muertos, pues la vida no es otra cosa sino una prolija muerte; como cuando uno está en la cárcel sentenciado [a] ahor-

---

[9] *Iob* VI, 6.

car, y ya no hay apelación, ni tiene remedio ninguno, a este tal dadlo por muerto, pues está tan cerca de la muerte, pues no tiene remedio alguno. Murió nuestro padre Adán en el ánima, murió en el cuerpo, y todos cuantos de él venimos quedamos obligados a morir como él.

¿Qué remedio? ¿Quién remediará esta muerte del ánima y del cuerpo? Entra el Evangelio; dice nuestro Señor Jesucristo: *Omnes quotquot venerunt, fures sunt*[10]. *Todos los que vinieron* antes de mí, *ladrones y* robadores *son.*

¿Qué tal quedó el género humano? ¿Qué tales quedamos nosotros? Perdida la vida del ánima y obligados a morir corporalmente. ¿Qué tal está el que ha perdido la gracia? Está como un hombre que está condenado a muerte, que después de muerto se juntan a hacer experiencias de anatomía en él y lo despedazan y acuchillan miembro por miembro; hácenle aquello porque está muerto. ¡Qué de crueldades hace el demonio y todos los demonios en un ánima que está sin Dios, que está muerta por el pecado! ¡Cuál lo paran, cuál lo llevan al que ha perdido su ánima, al que condenaron a muerte porque ofendió a Dios nuestro Señor! Plega a Dios que no lo probemos; pero si lo probastes, cuando venía la tentación, luego os llevaba; cuando se os ponía un deleite delante, luego os llevaba; cuando venía la carne hacía lo mismo por una parte, y el mundo por la otra. Todos dan en aquella ánima que dejó Dios, que volvió las espaldas a Dios por el pecado; todos la hieren y la acuchillan y hacen pedazos. Ya os dan

---

[10] *Io.* X, 8.

136

una puñalada, por no querer vos perdonar una injuria; ya os dan otra, por tener un rancor con otro; ya os dan otra en persuadiros que robéis lo ajeno. *Todos son ladrones los que antes de mí vinieron;* todos los que a tu ánima venían, ladrones son: *fures erant.*

Como dicen los juristas, ladrón es el que hurta claramente en el día, en la lumbre del sol. Vínote una tentación de la carne, y aunque sabías que consintiendo en aquella suciedad perdías a Dios claramente, y lo entendías así y lo creías, que por aquello perdías a Dios y su amistad, y, no obstante esto, lo cometías; este tal pensamiento, esta tal tentación es ladrón de mediodía, es ladrón que acomete en la lumbre del sol, pues que hace consentir en el pecado sabiendo que haces mal en ello, sabiendo que por aquello perdías a Dios y su amistad y gracia. Gran ceguedad y gran miseria es la tuya, sabiendo cuán gran pérdida es la que pierdes perdiendo a Dios, y lo que ganas, que es infierno para siempre; por una miseria, por un deleite que en un momento se pasa, pierdes a tu Dios, y pesa más delante tus ojos una fealdad y una suciedad que Dios. Claramente escoges por mejor la maldad, y olvidas a Dios, fuente y abismo de todos los bienes; y haciendo esto dejaste de hacer fuerza, aunque no del todo, porque libremente quieres. Este es el ladrón que viene de día, y te roba tu ánima, y la deja sin Dios y llena de todos los males.

El robador que viene de noche es el más peligroso y más de temer. Tienes un buen pensamiento, y date Dios un deseo de le seguir en algo, y dices: «¿Para qué quiero riquezas? ¿Para qué quiero fausto? ¿Para qué quiero honra vana? Quiero dejar todo esto, quiero pasarme con poco, quiero ser pobre; no quiero tratos, no quiero trampas, no quiero oficios, no quiero nada de este mundo». Viénete otro luego y dícete: «¡Déjate de esto! Eso es perfección, esa vida es de perfectos; sé que bien puedes mercadear, y tratar, y ser rico, y salvarte. ¿Quién te quita que no sirvas a Dios, y des limosnas, y hagas muchos bienes? Antes los bienes dan más y más aparejo para salvarse el que los tiene que no si fuese pobre; porque la pobreza acarrea muchos males, hace distraer al hombre, andando cuidadoso de las cosas que ha menester, y faltándole las más veces. Anda, que eso no lo quiere Dios, sino que anden sus siervos alegres y riéndose. La tristeza, y el andar la cabeza baja, y traer los vestidos rotos y del mal paño, hace que seas conocido y te tengan por santo, y de esta manera caerás en algún pecado de soberbia. Más vale que andes como todos andan, que no seas singular; que te comuniques con todos, que te vistas razonablemente; más vale que andes humilde en lo de dentro que no en lo de fuera; que aquello es lo que mira Dios, que lo de fuera poco hace al caso, antes ayuda a encubrir la santidad del corazón, y de esta manera estarás más seguro». Todo esto trae el demonio, no para que pares en esto, que no es de sí malo, sino para de aquí llevarte poco a poco a cosas peligrosas, de donde pierdas a Dios, y así hacerte entender que no hay peligro adonde le hay. Estos son los robadores que vienen solapados debajo de buenas y razonables colores.

Otros hay más peligrosos que éstos, y que más daño hacen. Dios nos guarde de espíritus, imagen de bestias, peores que brutos animales: *Homo cum [in] honore esset non intellexit, comparatus est iumentus insipientibus, et similis factus est illis*[11]. *Como el hombre estuviese en honra* —que lo crió Dios en ella—, *no entendió lo que tenía; pecó, y comparado es a las bestias, hecho es semejante a ellas.* Mas ¿qué dirá Dios nuestro Señor cuando vea que un gusanillo de un hombre tenga fantasía, cuando vea que un hombrecillo, que delante de sus ojos es tan bajo y desagradecido, qué dirá? Dijiste que eras rico, y eres pobre; dijiste que eras bueno, y eres malo. Guárdeos Dios, por quien es, de tantico viento de corazón; guárdeos Dios, hermano, de tantica presumpción, de tantica vanagloria. ¡El cristiano!, ¿fantasía de qué? Avergonzarnos teníamos y afrentarnos y corrernos de nosotros mismos, cuando más tener fantasía. Como bestias vivimos, como bestias comemos, como bestias dormimos y como bestias morimos.

Hubo Dios compasión de nosotros; siquiera porque nos crió, no quiso dejar de remediarnos. ¿Y cuánto le costó, si os place, el remedio? Un pecado hizo Eva, pero bien caro costó. Vino Jesucristo, segunda persona de la Santísima Trinidad, y vino el Espíritu Santo a poner remedio en esta llaga. Mira lo que crees, que el Hijo de Dios y el Espíritu Santo vinieron a la tierra para tu remedio. Y pues el ánima del hombre es semejante a Dios en *la naturaleza,* y en la *bondad* y *conocimiento* que tiene de Dios, *el ser* del ánima no se perdió; aunque el hombre muere, el ánima no se muere, siempre será; y como el Padre sea fundamento de las Personas divinas,

---

[11] Cf. *Ps.* XLVIII, 13.

atribúyese a Él el ser; y como aquel ser no se perdió, no vino el Padre. Perdióse el *conocimiento* del hombre, y vino el Hijo; perdióse la *bondad* del hombre, y vino el Espíritu Santo.

Vino el Hijo porque nuestros pecados fuesen perdonados; vino el Hijo, porque se le hizo grande enojo comiendo la manzana, porque comieron por haber la *sabiduría* del Hijo; porque *por el pecado* —como dice San Pablo— *nacimos hijos de ira y de enojo*[12].

No nos miraba Dios como a hijos, sino como a malos esclavos; éramos detestables delante de los ojos del Padre; vino Jesucristo al mundo para que, viniendo El por amor de los hombres, el padre los amase y quisiese bien, y los mirase con buenos ojos, y morase entre ellos. Esta fue la empresa de Jesucristo, que, como el Padre se fue del hombre por el pecado, por su Hijo volviese la cara a él. Si vieres llorar al Niño en el portal y en el pesebre, por esto llora. Si lo vieres circuncidar, por esto le circuncidan. Si lo vieres tener hambre, por esto la tiene. Si lo vieres tener sed, por eso es. Si lo vieres amarrado a un poste y azotado, por esto es. Si lo vieres abofeteado y coronado de espinas, por esto es. Si lo vieres enclavado y muerto en la cruz, por esto es.

¡Oh Redemptor mío!, ¿qué te movió a padecer tanto por amor de los hombres? ¿Por qué mercaduría andáis vos, Señor, tan codicioso, que ni el sol que os hace sudar os estorba de día, ni el hielo de la noche te impide? Mercader celestial, ¿qué es esto que andas a buscar tan cansado? Andaba muerto de

______

[12] Cf. *Eph.* II, 3.

amores por nosotros. Dícese que Jacob sirvió catorce años a su suegro Labán porque le diese por mujer a Raquel, y durmió en el campo al frío y al calor, y parecíale todo poco[13]. Callen, callen todos los amores en comparación de los de Jesucristo: todos son fríos comparados con éstos. ¡Oh Redemptor mío! ¿Servistes vos por Raquel?, sirvió Jesucristo, trabajó Jesucristo en este mundo por otra Raquel, no catorce años, sino treinta y tres, que en todos ellos no descansó un día. ¡Oh, bendito sea tal enamorado! Andaba Jesucristo de noche y de día al frío y al aire, al calor y al estío. ¡Qué de trabajos, qué de cansancios pasó nuestro Redemptor por esta su Esposa! ¡Cuántas noches se te pasaron, oh Redemptor mío, de claro en claro, que no dormiste, derramando muchas lágrimas por nosotros a solas en oración y rogando a tu Eterno Padre que perdonase a los hombres! Dice el apóstol San Pablo: *In diebus carnis suae preces suplicationesque ad eum, qui possit illum salvum facere a morte...*[14]. *En los días de su carne,* todo el tiempo que vivió en este mundo, *rogaba a su Padre que nos salvase, pues Él era el que lo podía hacer.* ¡Oh! Quién le tomara solo, así como estaba llorando, y le dijera: «Redemptor mío, ¿por qué lloráis? ¿Qué habéis? ¿Quién es causa de esas lágrimas? ¡Oh, quién fuera tan digno de limpiarlas!» Llora Jesucristo porque tú te rías; llora porque tú descanses; llora por tu consuelo; llora en la tierra porque tú vayas al cielo; llora por el perdón de tus pecados y porque te llegues a Él y no le ofendas.

---

[13] Cf. *Gen.* XXIX, 18-30.

[14] *Hebr.* V, 7.

¿Qué es esto, Señor, que con tanta ansia buscáis? Él lo dice; «Padre, no busco otra cosa ni quiero otra cosa sino que con el amor que me amáis a mí améis también a éstos». Como si dijera: «Ya yo sé, Padre mío, que la causa por que los habéis de amar soy yo; quiero estar en ellos, porque amándome a mí améis a ellos». Toda su vida se la pasó nuestro Redemptor buscando nuestro consuelo, con fatigas y cansancios, así de dentro como de fuera de su sacratísimo cuerpo, y los trabajos y dolores le parecían pocos en comparación del deseo que tenía de nuestra redempción, y quería que se efectuase, costase lo que costase; y Él mismo lo dijo: ¿*A qué pensáis que vine al mundo sino a meter fuego? ¿Qué quiero sino que arda? Con un baptismo tengo de ser baptizado: ya estoy angustiado hasta que venga aquel día*[15]. Él era el fuego, y había de ser encendido; y sabía que el baptismo era cuando había de derramar su sangre en la cruz y deseábalo nuestro Redemptor. ¡Oh, bendígante los ángeles, Señor, por ello! No como nosotros, que a un trabajuelo que nos venga lo sentimos como si nos llegase a los ojos, y huímos de él. Y sabía Él lo que le había de costar a Él que su Padre quisiese bien a los hombres, y, con todo eso, lo deseaba; sabía Él que había de ser asado con fuego de tormentos en la cruz, y decía: *Ya estoy deseando que arda.* Había de ser nuestro Redemptor asado en la cruz en figura de cordero de la vieja Ley. «Todo me parece poco; ya deseo el día en que tengo de remediar al hombre.» *Qui proposito sibi gaudio, sustinuit crucem confussione contempta,* dice San Pablo;

Puesto delante de sí el gozo, sufrió el tormento de la cruz de buena gana, *menospreciando la deshonra*[16].

—Señor, ¿de qué os gozáis? Redemptor mío, ¿qué es la causa de vuestro gozo? —Por ver al género humano libre de pecado, por esto se gozaba el Redemptor; aunque bien veía cuán caro había de costar la medicina que había de sanar nuestra llaga; bien sabía Él —¡los ángeles le bendigan!— que le habían de cauterizar a el para que nosotros tuviésemos salud. ¿Sebéis cómo? ¿No habéis visto unos padres que andan por los caminos, por soles y aires, y se secan y sudan, y con pensamiento y voluntad que tienen que sus hijos sean ricos, no sienten el trabajo, y ansí tienen por bien de sufrir el trabajo y cansancio? ¿Y la madre que no descansa noche ni día, y trabaja, y no siente nada de todo aquello, por ver en descanso su hija? Ansí nuestro Redemptor Jesucristo —¡bendito sea Él!— no sintió tanto sus trabajos; y si los sintió, en pensar que por ellos habíamos de ser librados, quitaba los ojos de sus tormentos y poníalos en pensar el remedio general que de ellos salía, y decía: «No es nada esto».

¡Oh, bendito seas, Señor mío, que porque aquella ánima sea casta, dijiste: «Denme a mí cinco mil azotes»! Teníanos a todos metidos en sus entrañas de caridad y amor. «Porque aquel alma sea caritativa, no tengan conmigo caridad; porque aquel alma se salve y todos alcancen perdón, súbanme en una cruz, coronado de espinas, crucifíquenme, y no quede de mí gota de sangre en todo mi cuerpo que no se derrame: denme hiel, y vinagre a beber y

---

[16] *Hebr.* XII, 2.

muera yo en la cruz». —¿Por qué? —«Por remedio de los hombres».

Aprenda, aprenda el cristiano, redemido por estos trabajos, a no desmayar por un trabajuelo que le viene; en asomando, luego te quejas, luego dices que no hay quien lo pueda sufrir. Pues que tanto sufrió Jesucristo, aprende de Él; y pues Él puso los ojos en tu remedio y los quitó de los tormentos tan grandes que pasó, por Él quita los tuyos de los trabajuelos, si algunos te vinieren, y ponlos en Jesucristo; y mirando por quién los pasas, rogarás que nunca se acaben; saberte han más dulces que la miel.

Fue tanto lo que alcanzó Jesucristo en sus trabajos, fue tanta la gracia que acerca de su Padre halló, que ya no hay hombre que baste a desagradar a Dios, queriendo él gozar de la medicina. ¡Qué grande hazaña fue alcanzar perdón para todos! ¡Qué abrazo tan suave y amoroso! ¡Qué beso de paz tan dulce! Si quieres arrepentirte, no perderás el remedio, Jesucristo puso toda la costa de aqueste negocio. Quiere Él mismo que tú quieras allegarte a Él, que ya es ganado lo que andaba perdido; ya Jesucristo dio fin a nuestra enfermedad, ya acabó Él su obra. Él mismo dijo: *Padre, perdoná a éstos*[17], miraldos con ojos alegres; *ya, Padre, acabé la obra que me encomendastes: Opus consummavi quod dedisti mihi, ut faciam*[18]. *La obra que me encomendastes que hiciese ya es acabada;* ya, Padre, es acabado el reparo para los hombres. Hermanos, con

---

[17] Cf. *Lc.* XXIII, 34.

[18] *Io.* XVII, 4.

144

este remedio quedó remediado el entendimiento, quedó remediada la voluntad, quedó remediada la carne, quedaron remediados nuestros pecados todos.

—Padre, ¿qué remedio es ése, el que en este día de hoy ha venido? —Este es el día en que se acabó lo que el otro día en que se dio la Ley se comenzó; éste es el día en que se dio Ley mejor; que la otra Ley se dio en tablas, pero esta otra se dio en los corazones. *Dabo legem meam in visceribus eorum.* «Darles he —dice Dios por Jeremías— *una Ley en sus entrañas*[19], no escrita en papel ni piedra, sino en los corazones, dándoles castidad, y humildad, y fortaleza, y todas las demás virtudes». La otra se dio en monte; allá se dio en el monte Sinaí; acá en el monte de Sión. Allá decendió al monte alto, y acá también al monte alto; pero con mucha más diferencia. *Sión* quiere decir *atalaya,* porque dicen algunos que estaba allí una torre que edificó David, la cual sobrepujaba a Jerusalén. *Atalaya,* dando a entender que los que han de recebir el Espíritu Santo han de estar en vela con mucho cuidado, no embarazados en otra cosa, sino esperando cuándo vendrá el Espíritu Santo; no detenidos en bajezas de acá, no ocupados en las cosas de este mundo, no en vicios, no en pecados, no en vilezas, sino muy atentos; el corazón no entrapado en cosas rateras, sino alto y levantado en fe de Jesucristo, que en Él se da este Espíritu Santo; por sus méritos viene; tened fe en este mismo Jesucristo.

En el otro monte se dio la Ley, y en la otra Ley se mandaba hacer esto, y no esto; en esta Ley nueva, se

---

[19] *Ier.* XXXI, 33.

da cumplimiento para lo que en la otra se manda. No sé si me entendéis, creo que no. Cuando Dios dio la Ley en el monte, antes que se diese aparecieron tantos de relámpagos y truenos y de bocinas, que ponían grandísimo espanto y temor. Todo el monte temblaba, y hacía temblar a todos los que lo miraban. Estaban todos muy atemorizados, tanto que dijeron a Moisén: *Habla tú con nosotros: no nos hable Dios*[20]. Dióles Dios mandamientos que traían temor; porque cuando el hombre va a su corazón y halla que no ha guardado la Ley, halla mil faltas dentro de sí y mil males. No puedes guardar la Ley que se te dio, siendo la Ley celestial, tú carnal. No hacía aquella Ley sino poner espanto, como el fuego cuando apareció Dios en el monte con aquellos truenos y relámpagos. Y aquello que pasó en el día que la Ley se dio en el monte de Sinaí fue en figura de la Ley que se dio en el monte de Sión. La Ley pone espanto: «¿Cómo la guardaré?» Pero la Ley nueva de hoy da esfuerzo para ello; que si el hombre no podía ser casto, estotra Ley le da poder como lo sea; si no podía ser humilde, estotra Ley le pone fuerza para serlo; si no podía no desear la mujer ajena, ésta le da gracia para no desearla; finalmente, le da poder, le da gracia, le da esfuerzo para cumplir la Ley. Estaban con la vieja Ley los hombres tan flacos, tan temblando; veían la Ley tan rigurosa, que ponía luego en el infierno a quien no la guardaba. Y considerando esto el apóstol San Pablo, viendo cuán sujeto estaba el hombre a aquella Ley de la carne, decía: *Infelix ego homo! Quis liberabit*

---

[20] Cf. Ex. xx, 19.

me a corpore mortis huius? Llamábase: *Desdichado, ¿quién me librará de la muerte de aqueste cuerpo?*[21], viéndose tan pesado y tan flaco para guardar la Ley. Pero cuando esta Ley vino, fortaleciólos a todos, animólos para que pudiesen cumplir la Ley.

Esta Ley que hoy se dio, es ley de evangelio. ¿De cuál? ¿De los evangelios que se escribieron? No, que ese evangelio no propiamente, sino segundariamente se llama evangelio. Ley evangélica y santa se dice lo que se escribió en los corazones, que, aunque no hubiera letras ni escritura, se puede bien entender y se puede cumplir; en dándosela les pegó amor de cumplirla. No fue menester mandarles «sed castos», sino púsoles gana de serlo. No fue menester que dijese que no fuesen lujuriosos, sino, dándoles la Ley, quedó mortificada la carne, como el ángel que hirió el muslo a Jacob[22]. No les mandó la Ley que tuviesen paciencia, pero dióles gracia, y amor, y voluntad, y poder de poder tener en sí todas las adversidades; esto no de palabra, no de entendimiento. *Vos estis Epistola mea*[23]. No es menester carta para escrebir la Ley. «*Vosotros* —dice el apóstol San Pablo— *sois mi Epístola,* vuestros corazones son carta; y no penséis que tiene de ser escrita con tinta, sino con el dedo, que es el Espíritu Santo, que es el que escribió la Ley en vuestros corazones, predicándola yo; el Espíritu Santo la escrebía —dice San Pablo—; yo soy el ministro de lo que Él escribe». Esta

---

[21] Cf. *Rom.* VII, 24.
[22] Cf. *Gen.* XXXII, 25.
[23] Cf. *2 Cor.* III, 2.

es la Ley que da caridad y humanidad, y da todas las virtudes; y porque lo entiendan las vejecitas, esta Ley es la que hace santos, la que hace justos y la que da gracia.

Celebramos hoy cuando dio Dios la gracia al mundo. Si allá se dio la Ley en monte, acá la gracia en monte; allá bocinas, acá bocinas; pero allá se espantaron, acá no tanto. Como a la media noche, cuando todo estaba quieto, pacífico y sosegado, suena una música muy suave que suena con muy dulce armonía, que, recordándote, tomas un pavorcito y mucho consuelo; luego previno un viento, como quien dice, estad atentos.

—¿Qué día es éste? —Día de consolación. —¿Qué día es hoy? —Hoy es el día cuando el Consolador vino del cielo a la tierra. —¿Qué día es hoy, padre? —Este día es tan grande, de tanta dignidad, que quien en él no tiene parte, no la tiene en ningún otro día de Jesucristo; ya que la muerte de Jesucristo ganó perdón de pecados, pero sin la gracia que hoy se da, no te aprovecha nada. Ven acá, ¿qué te aprovecharía que gastases toda tu hacienda por tener una medicina que mucho vale, si después de habida no la quieres tomar? ¿Qué aprovecha la medicina no tomada para tu enfermedad? Quedarte has enfermo y hacerte han que pagues la medicina. Lo que Jesucristo obró, la muerte que Jesucristo pasó, la costa que hizo, la medicina que obró para tu enfermedad, si quieres tomarla sanarás, quedarás libre del todo; si no la quieres tomar, haránte que pagues en el infierno lo que Jesucristo pasó. Si la recibes, Jesucristo quedará muy contento y pagado de todo cuanto pasó en este mundo; pero si no quieres tener

148

parte con este día, si no quieres recebir el Espíritu Santo, *si quis non habet Spiritum Christi, hic non est eius*[24]. *Si alguno no tuviere el Espíritu de Cristo, este tal no es de Jesucristo,* no se puede salvar.

Hoy es el *día séptimo* de las obras de Jesucristo: hoy es el día que *sopló en la cara del hombre* para dar la vida. Después de su vida, de su santa encarnación, después de su muerte, de su recurrección, el día de la santa ascensión se acabó todo lo necesario para la vida del hombre. Este es el día en que sopló al montón de tierra. Y si cuando en la creación sopló en la tierra un ánima para el cuerpo que no tenía vida, hoy sopla y da el ánima que es la gracia; porque el ánima del hombre sin gracia, es estar muerta. Y si cuando viene la gracia da vida al ánima, hoy sopló Dios el montón de tierra.

—¿Cuál era, padre? —Los apóstoles de Cristo. ¡Y qué tierra eran! Tal día como hoy, como Jesucristo se había ido al cielo, antes que se fuese, díjoles que les había de enviar un Consolador; ellos esperaban un día, y otro, y otro, hasta hoy; como vieron que no venía, estaban desmayados; estaban tibios y desconsolados. Como los dos que se fueron, estando esperando la resurrección, decían: «¡Fuese nuestro Maestro! decía que nos había de enviar un Consolador, tantos días ha que le esperamos, y no viene. Vémonos sin Maestro y sin tener quien nos consuele. ¿Qué hemos de hacer? Estamos como ovejas sin pastor, amedrentados y apretados».

Pero en una cosa fueron cuerdos, en lo que querría que lo fuesen todos del mundo, en no irse sin

---

[24] Cf. *Rom.* VIII, 9.

despedirse de la sacratísima Virgen María. Por grandes misterios tengo quedar la Madre de Dios entre los apóstoles, así después de la pasión como después de la ascensión. Si viene la tentación de la carne, si viene el mal hombre y te quisiere engañar, y quiere que ensucies tu cuerpo y tu ánima, abogada tienes en la Virgen María; di con confianza: «La Madre de Dios es Madre de la limpieza; ella es limpísima; ella es poderosa para interceder por mí; no tengo de desechar a Jesucristo sin hablar primero a su Madre». Ten, hermana, por averiguado que si vas a la Madre de Dios, que si te encomiendas a ella, vernás con consuelo y alivio de toda cuanta pena tuvieres.

Estaban, pues, los apóstoles del Señor y los discípulos y otros buenos hombres, que serían hasta ciento y veinte; estaban en el cenáculo a una parte, y a la otra estaba la Virgen nuestra Señora y las Marías y otras santas mujeres. Estando desconsolados, dijeron: «Hablemos a la Virgen, pues nos la dejó por consoladora». Fuéronse a ella tristes mucho, cabizbajos y en gran manera desconsolados. Dijéronle a la Virgen cómo estaban tan sin consuelo y cómo se tardaba el Maestro [en consolarlos], y que ellos estaban entre sus enemigos y que no tenían ningún arrimo: «Rogad, Virgen, a vuestro Hijo, que nos envíe el Consolador prometido».

Sería esto a las nueve del día; a aquella hora salía la Virgen de orar. Tenía siempre por costumbre de salir tarde, ya que estaba un poco alto el sol, porque esta hora es muy aparejada para la oración; desde en amaneciendo hasta aquella hora es muy aparejado tiempo para orar, antes que el hombre se ocupe y en-

150

tretenga en vanidades ni en otros cuidados del mundo, sino lo primero del día, gastallo en el servicio de Dios. Estaba, pues, nuestra Señora orando, y salió con aquel rostro de paz, con aquel rostro de alegría, que solamente mirallo consolaba a los tristes y desconsolados, medicinaba a los enfermos, daba grandísimo alivio a los desconfiados. Salió la sacratísima Virgen a ellos como solía, y esforzólos y díjoles: «¿Por qué tenéis poca fe en vuestro Maestro y mi Hijo? Él os consolará como lo ha prometido. ¿No sabéis, amados hijos y discípulos de mi sacratísimo Hijo, que la Ley que se dio en el monte de Siná se dio desde a cincuenta días que subieron de Egipto? Cincuenta días ha que padeció Jesucristo mi Hijo y os sacó del captiverio del pecado; hoy vendrá el Espíritu Santo. ¿No sabéis también que de cincuenta años era el jubileo en que los captivos eran libres, y las cosas vendidas volvían a sus dueños, y era año de alegría y gran regocijo, año de perdón, donde se soltaban las deudas? Así a cincuenta días después de la pasión vendrá el jubileo, vendrá el Espíritu Santo Consolador, que os remediará del captiverio en que estáis. Dios os perdonará las deudas, no sólo a vosotros, pero a todos; porque determinado está que a la misma hora que dio Dios vida al cuerpo, que le dio Dios ánima, a esa misma hora dará ánima a nuestra ánima. A las nueve vendrá, no os desmayéis, tened confianza, que vendrá. Sentaos».

Hízolos sentar a todos. Estaban sentados en los poyos, o hincados de rodillas, en oración; confortóles, púsoles confianza; y luego la Santísima Virgen, habiendo compasión de aquel ganadillo que le había quedado, hincóse de rodillas, alzó sus manos al cielo y, con lágrimas que salían de sus benditísimos ojos, comenzó a rogar a su amado Hijo: «¡Oh Señor mío y dulce Hijo mío, ruégoos por el amor que me tenéis, por los merecimientos vuestros, por los méritos de vuestra benditísima pasión, tened por bien de consolar a estos vuestros apóstoles. Enviadles, Señor, el Consolador que los consuele; cumplid, Señor, la palabra que en vuestro nombre les he dado, que vendría el Espíritu Santo Consolador; a estos flaquillos envialdes, Hijo mío, vuestro Espíritu Santo!»

Cosa es de contemplar ver a la Madre rogar al Hijo; ver al Hijo rogar, en cuanto hombre, al padre; Él mismo lo dijo por su boca bendita: *Yo le rogaré, y Él os enviará otro Consolador. Miró Dios a Abel y después miró a sus dones*[25]. Representaría Jesucristo, en cuanto hombre, delante del Padre, mostraría las señales de los clavos y el costado partido de la lanzada, y diría: «Padre mío, habed compasión de aquellas ovejuelas que en el mundo están sin pastor; están flaquillas, están tristes: envialdes, Padre mío, vuestro Espíritu, por los dolores que por ellos pasé. Ellos están esperando el Consolador que yo les dije que les había de enviar; enviádselo, Padre mío, por mi amor. *Non confundentur qui sperant in te, Domine*[26]: *No sean confundidos los que esperan en ti*; no les haya salido en vano su esperanza. Mira, Padre, a tal Hijo, y no le niegues lo que te pidiere; ámalos, Padre mío. Por mis merecimientos merecen

---

[25] *Gen.* IV, 4; cf. *Io.* XIV, 16.
[26] Cf. *Ps.* XXI, 6; XXX, 2.

ellos ser consolados; consuélalos, Padre, envíales el Espíritu Santo». ¿Y quién cree que también no rogaría especialmente al Padre que enviase al Espíritu Santo?: «También Señor, lo haced por amor de mi Madre, que está esperando».

Miró Dios a Abel y después miró sus dones. Moviéronse las entrañas del padre a los ruegos del Hijo; y mirando a Él, puso los ojos en la Santísima Virgen y en aquellas ovejuelas. Puso los ojos en la pobre casilla, por los merecimientos de Jesucristo, que fueron tantos, que bastaron a mansar la justicia de Dios, que estaba airada contra nosotros. Y mirad con qué amor y cuán de buena gana vino el Espíritu Santo a aquellos hombres, como si viniera al mesmo Jesucristo. Porque después que Cristo murió por nosotros, ya nos mira Dios con otros ojos, míranos con el amor que a su Hijo bendito.

Vino el Espíritu Santo, rómpense esos cielos; rómpese el velo del Testamento Viejo, y vimos y mostróse claro el *Sancta Sanctorum.* Ya está abierto todo; quien quisiere entrar, abiertas tiene las puertas. Antes que Cristo muriera, cuál y cuál se salvaba; después, mucho mayor número. Vino primero un sonido que hizo temblar el cenáculo, para dar a entender que era fuerte. Y luego vinieron lenguas de fuego, que parecían visibles sobre las cabezas de los que allí estaban, para dar a entender que el Espíritu Santo es fuego, es ardor de corazón. Cuando vos sentís un encendimiento dentro de vos, que os arde el corazón en amor de Dios, el Espíritu Santo es; es el fuego muy leal mensajero, que está allí el Espíritu Santo. Entra, pues, el Espíritu Santo en los apóstoles, abrázalos, consuélalos, esfuérzalos, dales un beso de paz.

—Padre, decidnos, ¿qué cosa es el Espíritu Santo? —No hay lengua que pueda decirlo, ni oído que pueda oírlo, ni corazón que lo pueda sentir, qué cosa es aquel beso, aquel abrazo. Dice Elías que Dios le dijo: *Egredere, et sta in monte coram Domino. Et ecce Dominus transit, et spiritus grandis et fortis, subvertens montes, et conterens petras ante Dominum: non in spiritu Dominus; et post spiritum commotio, non in commotione Dominus: et post commotionem ignis, non tamen in igne Dominus; et statim venit sibilus tenuis aurae; illic Dominus*[27]. Mandó Dios a Elías que se fuese al monte. ¿Para qué? —Elías, ¿qué viste? —Dice: *Vi un aire muy grande* y fuerte que derribaba los montes, pero no venía *allí el Señor.* —Pasado el viento, ¿qué vino? —*Fuego, pero no estaba allí el Señor.* Pasado el fuego, *venía un silbito suave; allí* venía *el Señor.*

¿Qué hacéis ahí, hermano? Cuán presto dejarán el río seco aquellos a quien el Espíritu Santo dice: «¿Qué haces aquí? ¿Qué haces, pecador, en ese río seco, en ese mundo ponzoñoso?» Cuán presto lo menosprecia todo, cuán poco se da por todo a la voz del Espíritu Santo, que le dice: «¿Qué haces ahí?» En el silbico venía el Espíritu Santo.

No hay quien os pueda decir este abrazo, este beso; no hay quien lo pueda explicar. ¡Es tan bueno el Espíritu Santo con aquel que lo tiene!: *Qui adhaeret Domino, unus spiritus est cum eo*[28]. Sed castos. ¡Oh! Dichoso a quien el Espíritu Santo viene; *un espíritu se hace con Él,* una misma cosa son.

---

[27] Cf. *3 Reg.* XIX, 11-12.
[28] Cf. *I Cor.* VI, 17.

—¿Qué es eso, padre, es casamiento? —Parece
que es eso lo que Jesucristo dijo: *Erunt duo in carne
una*[29]: *serán dos en una carne.* —¿Qué es esto, que
Dios, que el Espíritu Santo se haga uno con el hombre? —Darle virtud es; obrar en él virtudes; darle
vestiduras, o adornarle y componerle. Todo esto es lo
que resulta de la venida, lo que hace el abrazo. Pero el
abrazo no se puede decir. Como un desposado que da
joyas a su esposa; pero no es aquel desposorio sino
señales: darles manillas en los brazos, darle zarcillos
en las orejas. Así hace el Espíritu Santo: da joyas, da
manillas y ajorcas de virtudes y de buenas obras en
entrambos brazos, para que el pecador, tan bien ade-
rezado, le abrace. Da también zarcillos en las orejas,
pidiendo atención para obedecer a lo que al oído allá
dentro le dijere; pero no es éste el matrimonio. Dale
los siete dones suyos. Todas estas dádivas son arras y
ajuar y preparación para la venida; dones son del desposado, pero el abrazo no sé qué es.

—Padre, habéis dicho que el Espíritu Santo se
hace uno con aquel en quien está; luego ¿Dios es?
¡Qué maravilla! —¿Es mucho eso? Pues oíd: *Ego
dixi: dii estis, et filii excelsi omnes*[30]. El mesmo
Dios lo dijo. *Yo digo: dioses sois vosotros.* ¿Sabéis
qué tanto? Que si el hombre tiene en sí al Espíritu
Santo y habla, se dice hablar el Espíritu Santo. Lo
que habláredes —dijo Cristo— no tengáis cuidado
de ello: *Non estis vos qui loquimini, sed Spiritus Patris vestri est qui loquitur in vobis*[31].

---

[29] *Mc.* X, 8.
[30] *Ps.* LXXXI, 6.
[31] Cf. *Mt.* X, 20.

San Agustín: «Lo bueno y sobrenatural, sin el Espíritu Santo, no es posible conocerlo. Lo que es bueno, no es de hombre sólo»[32]. Cuando el hombre hace una buena obra, no es de sólo el hombre. Madre tiene en la tierra, y padre en el cielo. El libre albedrío que tú tienes, madre es, no es lo principal; otro más alto, el principio, el ser, el padre, actividad de la cosa, el Espíritu Santo es. Dice San Pablo: *Cuando el hombre gime, el Espíritu Santo gime*[33].

—¿Por qué? —Porque es una mesma cosa con el que ora. —Luego si no son dos, una Encarnación hay. —¡Tate! Eso tan solamente dice ser uno el Espíritu Santo y aquel donde está; no en persona, que dos personas son. —Pues ¿por qué? —Porque el Espíritu Santo obra como principal en el hombre; por eso dice que el Espíritu Santo obra aquello.

—Padre, no nos dice el abrazo; todo es andar por los arrabales. —No hay quien sepa dar cuenta de lo demás que sucedió. Bien se dice lo que los apóstoles del Señor obraron, los milagros que hicieron, y procedieron de la venida. Bien se dice que vino el Espíritu Santo en ellos; pero el abrazo que les dio, ¡mandad perdonar!

Decid, si juntasen todos los olores de cuantas cosas criadas hay en el mundo, en que hubiese algalia, almizcle, ámbar, azahar, jazmines; finalmente, todos los olores se juntasen, sin que el un olor impi-

---

[32] Cf. SAN AGUSTÍN, *Ep.* 140, c. XXXV, 81: ML XXXIII, 575; *Enarr. in Ps.* CXXVI, 4: ML XXXVII, 1670; *Contra duas ep. Pelagianorum,* 1. 2, c. IX, 21: ML XLIV, 586.

[33] Cf. *Rom.* VIII, 26.

diese al otro, ¡qué olor tan suave sentirías, qué consolación te daría, cómo confortaría tu ánima! Pues mira, todo sabor amarga, todo sabor es desabrido más que la hiel en comparación del que el Espíritu Santo trae consigo. ¡Oh qué sabor, oh qué color, oh qué gusto, oh qué consuelo, oh qué descanso, oh qué regocijo, oh qué alegría, oh qué esfuerzo sintieron los apóstoles cuando sintieron el silbo dentro de sus entrañas! ¡Qué contentamiento sintieron sus ánimas, qué hartas, qué rellenas, qué abundantes estaban del Espíritu Santo! ¡Plégale a Él nos dé el soplito y el silbito!

¿Qué hacemos aquí, hermanos? ¿En qué entendemos aquí? Si aquí nos estamos no podremos medrar. ¿Qué haces aquí, pecador? ¿En qué pasas tu vida? ¿De qué bebes? Seco está ese charco, o se secará presto; esa riqueza en que confías, está seca, o se secará presto, y te dejará ella a ti o tú a ella. ¿Qué haces aquí tú, desventurado, que tienes puesto tu amor en la otra o la otra en ti? Seco está el charco; presto te morirás tú o se morirá ella, y veréis cuán seco del todo estaba el charco de donde pensabas que te hartabas. ¿Qué haces aquí, soberbio, fantástico? Todo eso ha de haber mal fin, acabársete todo; ahora bebes, y cuando no te cates se acabará tu vida; y ¡desventurado de ti si antes que te mueras no dejas las vanidades y locuras de esta vida! Como confías en la tierra, no tienes tus ojos en el cielo. Como no te has desarraigado de todo lo de acá, aún no te ha silbado, aún no conoces la dulzura de Dios: *Quam magna multitudo dulcedinis tuae, Domine, quam abscondisti timentibus te! ¡Oh cuán grande es la muchedumbre de tu dulzura, la cual aparejaste a los que te temen!*[34]. ¡Oh, bendígante los cielos y la tierra! Y si para los que te temen tanto bien aparejaste, ¿qué harás para los que te aman? Lumbre se dice y fuego.

¿Conoces a Dios, hermano? Di, ¿ha topado Dios contigo? La señal principal que Dios está en uno, es cuando menosprecia todo lo que hay en la tierra que Dios no es y sólo trata de amar y agradar a su Dios, como bien único suyo. Y en esto verás, hermano, si el Espíritu Santo ha venido a ti, si andas con fervor, con alegría en el camino de Jesucristo. Si el Espíritu Santo te ha dicho: «¿Qué haces ahí?», bueno estás.

¡Oh!, ¿qué sintieron los apóstoles cuando el Espíritu les dijo: «¿Qué hacéis ahí?» No se puede decir, así como no se puede decir quién es Dios. ¡Qué de grandezas usó con ellos, qué mercedes tan grandes les hizo! Dióles gracias del entendimiento. ¿Qué son ni qué saben los letrados ni filósofos del mundo sin éstas? Cuántos teólogos hay sin gracia del Espíritu Santo, nada son. Lo principal que les dio fue que claramente conociesen lo que les cumplía en todas las operaciones humanas, que sin errar pudiesen saber: «Esto me cumple y esto no me cumple»: Acá bien podemos nosotros conocer cuál es bueno y cuál es malo, pero no en particular. Nadie puede saber sino el Espíritu Santo cuál es mejor de esto, casado o no casado, clérigo o no clérigo, fraile o no fraile; cuál es mejor para ti. El Espíritu Santo es ayo de niños. ¡Y qué bien enseñado será el niño que de tal ayo saliere enseñado!

Por ventura diréis: —No habrá menester consejo

---

[34] *Ps.* XXX, 20.

158

en lo que ha de hacer, si tanto sabe, sino regirse por su parecer y no tomar el de nadie. —No, que el Espíritu Santo quiere que vaya a tomar parecer de quien más sabe, y Él le dará en voluntad que lo vaya a preguntar, y le dirá lo que le ha de preguntar, y le dará gracia al otro, que responda lo que ha de responder.

El Espíritu Santo, ayo del entendimiento y ayo y gobernador de la voluntad, no te dejará pasar con cosa mala de cuantas tu sensualidad te pidiere. Y pensarás hacer alguna cosa que no te cumpla. Él hará como no la hagas, sino al contrario de lo que pensabas hacer. Si no, preguntadlo a Jeremías, que, porque le maltrataban algunos porque profetizaba, dijo: *¿Quién me mete a mí, quién me mete a mí en estas barajas? Profetízoles la verdad, y por eso me hacen muchos males. No tengo de profetizar más*[35]. Estando en este propósito, descendió fuego del cielo y tocóle, y como le tocó, vuelve, y si antes hablaba una palabra, después hablaba cuatro.

Cuando viene fuego del cielo, cuando viene el Espíritu Santo, quita el temor que el hombre tiene; pobreza, ni deshonra, ni hambre, ni vituperios, muerte, ni tentaciones de carne, ni al mundo, ni al demonio; todo cuanto mal estas cosas le pueden hacer, no lo tiene en una picadura de mosca. *Quis nos separabit a charitate Christi?* —dice el apóstol San Pablo—. *Tribulatio, an angustia, an fames, an nuditas, an periculum, an persecutio, an gladius?* ¿Quién nos apartará de la caridad de Jesucristo? ¿Quién hay tan fuerte que nos pueda apartar de ella?

---

[35] Cf. *Ier.* 20.

¿La tribulación, el angustia, el hambre, la des-
nudez, la persecución, el peligro o el cuchillo?[36]
Nada de esto nos puede apartar de ella, porque, aunque parezcan muy crueles, nada nos espanta. Bien
puede todo acaecernos y pasar por nosotros, pero
todo no nos puede sujetar; antes cuantas cosas más
graves nos acaecieren, tanto más crece nuestra caridad con la de Jesucristo, saliendo en todo lugar y en
todas las cosas vencedores, ricos y honrados, no por
nuestras fuerzas, no por nuestros merecimientos,
sino por el ayuda y amparo de Jesucristo. Porque,
amándonos Él como nos ama, no consentirá que sea-
mos vencidos; ni nosotros acordándonos de sus misericordias y grandezas, de las mercedes que de Él
habemos recebido, y acordándonos de los males que
nos ha quitado (aun queriendo nosotros caer en los
abismos del infierno, nos ha librado con su mano y
brazo poderoso), no seremos derribados por los pecados.

Y si esto os parece mucho, que son cosas livia-
nas, esperad y veréis cosas mayores. Mayor apa-
riencia tenían las cosas invisibles de ser temidas,
que pelean fuertemente contra el ánima, que lo que
puede dañar el cuerpo, y cuando a mucho se ex-
tienda, no puede más que hasta la muerte; pero ni en
lo uno ni en lo otro no hay que temer, porque el
mismo apóstol San Pablo lo dice: *Estoy cierto que*
ni la muerte, ni la vida, ni los ángeles, ni los princi-
pados, ni los poderíos, ni las cosas fuertes, ni las
cosas por venir, ni la fortaleza, ni alteza, ni lo
hondo, ni lo cruel, ni lo áspero de la tierra toda, ni

---

[36] Cf. *Rom.* VIII, 35.

160

*criatura ninguna, no nos puede apartar de la cari-
dad de Jesucristo*[37].

—¿Quién os lo dijo, Pablo, la carne o la sangre?
—No sino el Espíritu Santo, que es fuego que
quema todas estas cosas y las deshace, para que no
nos puedan empecer, como a pajuelas. No es más
esto delante del fuego del Espíritu Santo que una
pajita liviana echada en una grandísima hoguera.
Cuando tengas el Espíritu Santo, Él mata todo lo
que daña; pero si hay pajitas, señal es que no hay
fuego que las queme. Si estás, hermano, sometido a
tus vicios, si estás inclinado a maldades, si tienes en
tu corazón pensamientos de liviandad, si tienes fantasía, todo esto estorba; y todo esto quema el Espíritu Santo cuando viene, y no hay cosa que se le re-
sista. Cuando viene el Espíritu Santo, no basta nadie
a resistirle. Ni la mozuela loca que su vida no era
otra cosa sino un continuo pensamiento en cómo se
vestiría, y cómo se pondría galana, y cómo se había
de afeitar la cara. Cuando el Espíritu Santo viene,
hace que la mozuela se huelgue de andar templada
en el vestido; ya escoge las lágrimas por agua maravillosa para la cara, ya tiene humildad, porque vino
el Espíritu Santo. No basta a moverla el mancebete
muy enhiesto con su espada al lado, muy vestido,
con mucha soberbia, la pluma en la gorra. ¿No sabéis para qué se ponen aquello allí? Para que sepáis,
si no lo sabéis, que son locos, y para que sepáis su
locura, y sus bajos pensamientos, y sus imaginacio-
nes, y sus fantasías. Pero, cuando viene el Espíritu
Santo, todo lo quema.

---

[37] Cf. *Rom.* VIII, 38.

Dice Cristo: *¿Pensáis que vine a traer paz? No vine a traer paz, sino cuchillo*[38]. ¿Qué es, que andaba el mancebo por ahí perdido, un loquillo callejero, toda su bienaventuranza puesta en andar por las calles, mirando y deseando a la otra, y desde ha poco le veis recogido, casto, y humilde, y virtuoso? ¿Quién lo hace esto? El Espíritu Santo, el fuego que quema cuanto halla. Con este fuego no hay honra ni riquezas, ni prosperidades, ni deleites que el hombre desee; todo lo hace tener en poco y tenerlo debajo de los pies. Con este fuego se quema todo lo sensual del hombre. —*Vivo ego, iam non ego*[39]: *ya no yo, pero vive en mí Jesucristo* —dice el Apóstol—. Vivo yo en humildad, en castidad, en paciencia. *Ya no yo:* el de antes no; no mis pasiones, no mis sensualidades, porque esto está ya muerto. —¿Cómo es eso, Apóstol? ¿De qué manera? Vive en [mí] Jesucristo por humildad, por caridad y por gracia; y donde esta gracia llega, hace mudar al hombre al revés de como estaba; hace que el que se amaba a sí mismo y que se tenía en mucho, diga: «Sea Dios engrandecido, y sea yo apocado; sea Dios servido, y menosprécienme a mí; sea Dios honrado, y deshónrenme a mí, glorifiquen a Dios, y vituperen a mí». Al que sopló el Espíritu Santo, no quiere nada para sí, todo a honra de Dios.

Cuando no había venido el Espíritu Santo, los apóstoles estaban medrosos, temerosos, las puertas cerradas; no osaban salir por miedo no los matasen, tenían grande miedo.

---

[38] *Mt.* X, 34.

[39] Cf. *Gal.* II, 20.

Tomó Dios una vez a Ezequiel profeta en su espíritu y llevólo en medio de un campo donde había infinitísimos huesos de muertos; estaba una muchedumbre muy grande de ellos, y todos muy secos. Díjole: *¿Piensas que estos huesos tienen vida?* Respondióle Ezequiel: *Tú, Señor, lo conoces y lo sabes todo.* Mandóle Dios: *Vaticinare de ossibus istis. Profetiza de estos huesos.* —¿Y qué, Señor? —*Di: Huesos secos, oíd las palabras del Señor: Yo os daré espíritu y viveréis; daros he carne, y naceros han nervios, y os haré que os cubráis de cuero, y daros he un espíritu, y viviréis. Yo* —dice Ezequiel— *hícelo así, y luego se hizo un grande movimiento y un grande ruido, como los unos huesos se juntaron con los otros, cada uno en su lugar y en su juntura;* hicieron ruido como cuando un hueso se junta con otro; *y vi cómo vinieron sobre aquellos huesos nervios y cómo crecía la carne; y luego un cuero fue tendido por todos ellos, aun no tenían vida;* estábanse allí como muertos. —*Profetiza y llama al espíritu; llámalo y dirás: Aquesto dice el Señor: De los cuatro vientos de la tierra, venid, soplá sobre estos hombres muertos y vivirán luego. Acabando de profetizar, tuvieron vida y levantáronse y estuvieron sobre sus pies. Hízose de toda aquella gente un muy fuerte y valeroso ejército. Dijo Dios: Estos huesos son toda la casa de Israel; porque ellos dijeron: Aruerunt ossa nostra, et periit spes nostra*[40].

Allí estaban los apóstoles como huesos muertos desmayados. ¿Hay aquí algunos que, estando en fi-

---

[40] Cf. *Ez.* XXXVII, 3-11.

gura de vivos, están muertos? ¿Hay aquí tan sin confianza alguno que diga: ¿Cómo puedo yo ser bueno? ¿Cómo es posible tener yo castidad? ¿Cómo es posible que me perdone Dios? He pecado yo tanto, que en toda mi vida no he hecho yo otra cosa sino ofender a Dios: ¿cómo me perdonará? ¿Quién yo para ir al cielo? ¿Quién yo para ir allá? El cielo dase a los que hacen buenas obras; yo no las he hecho ni las espero de hacer, ¿qué tengo yo con eso? Pruebo veinte veces a no pecar, y no puedo sino pecar. *Iam aruerunt omnia ossa nostra, et periit spes nostra. Ya nuestros huesos se han secado, ya se ha perdido nuestra esperanza».*

¡Oh desventurado de ti, si tú tal dices! Esfuerza, hermano, que hoy es día de perdón; hoy se admiten todos; si quieren conocer sus culpas y dolerse de ellas y confesarse, no hay más. Y tú, mancebo, ¿piensas que no puedes dejar de pecar y que no te puedes apartar de ello? Prueba y apártate que hoy es día de perdón; hoy se da fuerza para vencer y derribar aquello que te derribaba; hoy se dan fuerzas, si tú las quieres tomar, para vencer tus pasiones; hoy es el día en el cual prometió [Dios] de quitar el corazón de piedra, de quitar la sequedad del alma; hoy es el día en que da corazones blandos, corazones arrepentidos; hoy es el día en que dará corazones aparejados para llorar vuestros pecados y saberlos conocer; hoy es el día en que os dará un soplo, no en las orejas, no en los oídos, no en nada de lo de acá fuera, sino dentro de vuestros corazones; un soplo que os dé vida, un soplo que os dé fortaleza, un soplo que os dé castidad, un soplo que os dé humildad, un soplo que os dé caridad y amor y todas las otras virtudes, un soplo que refresque vuestras ánimas.

Si no, miradlo en los apóstoles, que estaban cobardes, porque se querían mucho. Viene a ellos el Espíritu Santo, entra en aquellos corazones, quítaseles aquel temor, menosprecian la carne, y la soberbia, y la codicia; echan en el suelo todos los vicios; pasan por encima de ellos como vencedores de aquellos que les habían vencido y los acobardaban y ponían temor. *Levantáronse en pie como ejército poderoso;* abren las puertas que antes tenían cerradas, llenos y rellenos del Espíritu Santo, llenos de fortaleza y de caridad, y comienzan a predicar con grandísimo hervor, no doctrinas frías, sino hervientes como fuego; aquel «¡Bendito sea Dios!»; aquel «No hay sino sólo un Dios, tres personas y un solo Dios verdadero»; aquel «Jesucristo es Hijo de Dios vivo, y está sentado a la diestra de Dios Padre, y es Juez de vivos y muertos»; aquel hablar que todos los entendían.

Había allí entonces de todas las naciones, había partos, medos, de Mesopotamia, de Judea, de Capadocia, de Asia la Menor, de Frigia, de Panfilia, de Egipto, de Libia, de Creta, de Arabia, de Roma. Todas estas naciones estaban allí, y todos los entendían; que hablaban todas las lenguas y lo entendían todos como si hablaran la lengua de cada uno particularmente. ¿Y esto es maravilla, pues Dios lo hace? Ahora un predicador habla en romance, y cada uno lo entiende en su lengua; habla una palabra que Dios le manda, y entiéndelo uno a quien aquello toca, y los otros no lo entienden. Dice un predicador: «Sed humilde». Entiende aquella palabra el soberbio. Dice otro: «Sed casto». Aquello entiende el lujurioso; y así hablando en un lenguaje diferentemente.

Así que, del sonido grande que vino cuando el Espíritu Santo vino, habiéndose juntado en Jerusalén, y de que hablando en una lengua, entendiese cada uno en la suya, estaban todos espantados, y decían: *¿No son éstos de Galilea? ¿Cómo hablan tantos lenguajes?* Otros decían: *Dejadlos, que están borrachos*[41]. Cuando oyéredes hablar alguna persona y no le entendiéredes, tened paciencia, y no os arrojéis a juzgar de presto; mirad que el Espíritu Santo no aparece; mirá lo que hacéis, que por ventura hablará alguno lo que quiso Dios que hablase, y diréis vos que está borracho.

Así que dijeron que estaban los apóstoles borrachos. Levantóse entonces San Pedro, como pastor universal y como su defensor, y dijo: *Varones de Jerusalén, escuchad mis palabras. No penséis que estamos borrachos, porque ahora no es hora de haber bebido, que es hora de tercia. ¿Sabéis qué es esto? Lo que profetizó el profeta Joel: Effundam Spiritum meum super omnem carnem, et prophetabunt filii vestri, et filiae vestrae. Derramaré,* enviaré *mi Espíritu sobre toda carne, y vuestros hijos profetizarán y vuestras hijas; y vuestros viejos soñarán sueños, y los mancebos verán también visiones, y sobre mis siervos y criadas enviaré mi Espíritu Santo. Varones israelíticos, a Jesucristo predicamos, varón aprobado de Dios, al cual vosotros entregastes a la muerte con todas las señales que Dios hizo, al cual*

---

[41] *Act.* II, 7, 13.

resucitó y está a la diestra de su Padre, *y Él hizo que el infierno no le empeciese, que no le podía empecer.* Y cierto, *sepa todo hombre que Jesucristo, que vosotros crucificastes, es verdadero Hijo de Dios*[42].

Habló San Pedro con tanto hervor, predicóles allí cómo el Espíritu Santo venía deseoso de nos consolar y remediar. Echa, pues, la red el buen pescador; aquel que de antes solía pescar peces, pesca ahora ánimas; echó la red. Del primer lance pescó tres mil de aquellos que poco había que le habían dicho que estaba borracho; compungíanse y arrepentíanse de lo que habían dicho, y decían: «¡Desventurados de nosotros!, ¿cómo nos hemos ahora de convertir, que somos nosotros los mesmos que le crucificamos, y dijimos que soltasen a Barrabás? ¿Cómo ha de ser esto? ¿Cómo nos ha Dios de perdonar?» Díjoles San Pedro: «¿Qué es eso? No desmaye nadie; misericordioso es Dios, y Jesucristo está lleno de misericordia; que aunque hayáis hecho eso, aunque vosotros sois los mismos que le matastes con vuestras propias manos, está aparejado a perdonaros si os arrepentís y hacéis penitencia. Confesad vuestro pecado luego, y más tardaréis vosotros en confesaros que Dios en perdonároslo». Ellos, como oyeron esto, dijeron que les placía; y no solamente les perdonó Dios sus pecados, pero usó de tanta misericordia con ellos, que les envió el Espíritu Santo, así como a los apóstoles, sobre casi tres mil hombres de ellos. ¿No miráis qué buena redada para la primera? ¡Oh, bendita sea tu misericordia, Señor mío, que tan caro te costó lo que ahora tan de balde se da! daba

---

[42] Cf. *Act.* II, 14 ss.; *Ioel* II, 28 ss.

Dios el Espíritu Santo a quien su Majestad quería, y de balde.

A otro sermón se convirtieron cinco mil hombres; así fueron creciendo los cristianos, y se fue poblando y engrandeciendo la Iglesia de Dios, que estaba pequeña. De aquí comenzó la Cristiandad que ahora tenemos. Estaban todos juntos perseverando en oración; comulgaban cada día, y vendían todas sus haciendas y entregábanselas a los apóstoles, y decían: «Esto es lo que vale toda mi hacienda; tomadlo, y haced de ello lo que quisiéredes». Tanta parte tenía el que poco traía como el que mucho; todo era igual, todo era común. Hacíase entonces en la Iglesia universal lo que ahora se hace en los monasterios, que no tienen, en particular ni común, propio, y por eso mejor librados. Así estaban los santos apóstoles y los otros santos hombres y mujeres; hacían muchos milagros y maravillas; sanaban enfermos, resucitaban muertos; estaban siempre la mayor parte del tiempo orando muy alegres, llenos de gozo del Espíritu Santo, muy regocijados con el Huésped[43].

Plegue al Espíritu Santo, por los merecimientos de Jesucristo, y por aquella sangre que derramó en la cruz por nosotros, tenga por bien venir en nuestros corazones y sanar nuestras ánimas, alumbrar nuestros entendimientos, para que conozcamos a Dios, y enderezar nuestra voluntad para solamente amar a Dios y se olvidar de las cosas del suelo, y sujetar nuestra carne, y darnos humildad, castidad y caridad para con nuestros prójimos, y darnos sus siete dones, para que teniendo su gracia nos dé la gloria.

---

[43] *Act.* II, 42-47.

Este libro, publicado por
Ediciones Rialp, S. A.,
Manuel Uribe 13-15, 28033 Madrid,
se terminó de imprimir en
Anzos, S. L., Fuenlabrada (Madrid),
el día 12 de julio de 2023.